Gabriele Hasmann

Mystisches Erbe – Wien

Gabriele Hasmann

Mystisches Erbe – Wien

Geheimnisvolle Botschaften, magische Zeichen,

rätselhafte Codes

ueberreuter

Danksagungen

Barbora Vavro Gruber, für die großartigen Fotos und das tolle Coverbild
Bezirksmuseum Mariahilf, Herrn Prof. Dr. Erich Dimitz †
Bezirksmuseum Penzing, Herrn Ing. Willibald Svatek
Silvia Lang, Präsidentin des Wiener Praterverbandes, für ihre Auskünfte
Maria Mensching, für zahlreiche Hinweise
Lukas Arnold, für die Hilfe im Untergrund

Bildnachweis
Alle Fotos: © Barbora Vavro Gruber
außer S. 149: © KHM-Museumsverband

1. Auflage 2024
© Carl Ueberreuter Verlag, Wien 2024
978-3-8000-7868-4

Covergestaltung: Saskia Beck | s-stern.com
Satz: Lisa Wilfinger | Carl Ueberreuter Verlag
Coverfoto: Barbora Vavro Gruber | Franziskanerkloster
Druck und Bindung: Finidr Ltd., Ceský Tesin

www.ueberreuter.at

„Mystik deutet auf die Geheimnisse der Natur und Vernunft und sucht sie durch Wort und Bild zu lösen."

Johann Wolfgang von Goethe (1749–1832)

deutscher Dichter und Dramatiker

„Mystik ist die Urmutter der Religion, die Urmutter der Kultur."

Othmar Spann (1878–1950)

österreichischer Nationalökonom, Soziologe und Philosoph

„Teilt man die Linie der geistigen Menschheitsentwicklung in kleine Strecken ein, so ergibt sich ein hartes Nebeneinander von Technik, Zahlenwut, Materialismus einerseits und Mystik, Phantasieflug, Unendlichkeitssehnsucht andererseits in Form der verschiedenen Epochen."

Friedrich Martin Adalbert Kayssler (1874–1945)

deutscher Schauspieler, Schriftsteller und Komponist

Für Prof. Gerhard Kunze,
Historiker und Mystiker,
der nie aufgehört hat, an Magie zu glauben!
R.I.P., mein lieber Freund!

Inhaltsverzeichnis

Vorwort

Bis heute kann man die Mystik Wiens, die sich über Jahrtausende nicht nur in der Atmosphäre festgesetzt, sondern auch in Stein und Beton manifestiert hat, bei aufmerksamer Betrachtung wahrnehmen. Man muss sich dafür allerdings auch auf die Abgründe der Stadt und ihrer Bewohner einlassen und dabei die leise geseufzten Geschichten alter Bauten hören, symbolträchtige Zeichen an Wänden sehen, modrigen Kelleratem riechen und den kalten Hauch der Vergangenheit in den Straßen spüren.

Ebenso gehört zum Verständnis der alten Zeit, Einblick in das Denken und Seelenleben der Menschen von damals zu nehmen, um die Stadtentwicklung unter ihrem Einfluss zu verstehen.

In diesem Buch soll aber auch mit frischem Blick auf die moderne Metropole geschaut werden, deren architektonische Besonderheiten von Gestern zahlreiche mystische Botschaften ins Heute schicken, die man entdecken kann, wenn man von ihnen weiß. Angenagt vom Zahn der Zeit, aber immer noch so schön und zugleich rätselhaft wie einst.

Die Nachrichten aus Stein und Beton stammen unter anderem von Alchemisten, Magiern und Mitgliedern von Geheimbünden, die in Wien gelebt haben, häufig sogar am Hof der Habsburger. Teilweise waren auch die Familienmitglieder dieser Herrschaftsdynastie bekennende Mystiker.

All diese Menschen haben Spuren hinterlassen, die heute oft verborgen, vergessen oder verbaut sind – obwohl sie sich praktisch überall befinden und das Stadtbild bis heute prägen. Darüber hinaus war die gesamte Kaiserstadt von jeher von Kraftorten, Kultplätzen und Energielinien durchwirkt, die alle heute noch spür- und erlebbar sind.

Die Kapitel in diesem Buch sind zum Teil nicht klar voneinander abgegrenzt, da einige Themenbereiche auch ineinanderfließen und miteinander verwoben sind.

Ich habe zu den Straßennamen die Bezirke geschrieben, so es sich nicht um die Innere Stadt handelt oder die Bezirkszugehörigkeit einer Adresse aus einer vorherigen Passage klar erkennbar ist.

Zuletzt bleibt mir noch, Ihnen viel Spaß bei der Spurensuche nach dem mystischen Erbe von Wien und viele wunderbare Erlebnisse beim Wandeln auf magischen Pfaden durch die Stadt zu wünschen.

Ihre Gabriele Hasmann

Die mystischen Tricks der Kirche – wie der Klerus sein Revier absteckte

Eine der ältesten Maßnahmen, mit welchen die Diener Gottes das gläubige Volk manipulierten, war, sie an Orte mit positiv geladener Energie zu locken. Auch in Wien wussten die gelehrten Männer der Kirche bereits im Mittelalter über diese Aufladestationen für Körper, Geist und Seele Bescheid.

Bereits im 12. Jahrhundert gelangte die Geomantie, altgriechisch „Weissagung aus der Erde", durch die lateinische Übersetzung arabischer Werke nach Europa. Die Lehre traf auf bereits vorhandenes Wissen, da schon Kelten und Germanen Kraftplätze und deren Wirkung kannten und nutzten.

Es handelt sich bei diesen Orten um Bereiche mit feinstofflichen Schwingungen und Strahlungen, die mit einer bestimmten Qualität Einfluss auf Lebewesen nehmen. Diese Kraftplätze, die auch als Stellen der Rückverbindung des Menschen mit der Natur und Gott gelten, wurden von den Menschen schon vor Tausenden von Jahren entsprechend markiert. So hat man beispielsweise bei unterirdischen Quellen, auf Bergspitzen oder bei ungewöhnlichen Felsformationen Holzpfähle in den Boden getrieben, Totems errichtet oder Steine im Kreis gelegt. Diese besonderen Orte sind von Schamanen, Druiden oder Priestern für

astronomische Berechnungen verwendet worden und dienten als Sonnen-, Mond- oder Sternobservatorien. Im Glauben an die Macht einer höheren Gewalt wurden an diesen Plätzen häufig rituelle oder spirituelle Handlungen vollzogen.

Die mystischen Kenntnisse und Erfahrungen, die somit dort über Jahrtausende gespeichert und erweitert wurden, nennt man die „heilige Geometrie". Sie spiegelt sich auch in kultischen Bauwerken wie beispielsweise den Sonnenpyramiden von Mexiko, dem Monument von Stonehenge oder dem Wiener Stephansdom wider.

Über Quellen, die schon bei den Germanen als heilig galten, entstanden heilige Brunnen und später Monumente des Glaubens, denn vom Wasser – dem Symbol der Lebenskraft, dem „Blut des Planeten", wie Leonardo da Vinci es nannte – ging eine ganz besondere mystische Kraft aus.

In fast allen Kulturen glaubte man an Götter, die das nasse Element bewohnen, ebenso wie an Naturgeister, die das Wasser bewachen und schützen. Auch in der wichtigsten Textsammlung des Christentums, der Bibel, spielt der Urstoff der Erde eine tragende Rolle, etwa im Zusammenhang mit Jesus, der im Jordan getauft wurde und übers Wasser gehen konnte, der Sintflut oder der Geschichte von der Arche Noah.

Vermutlich noch älter als Kraftplätze sind die Energielinien, die wie ein unsichtbares Gitter über der Erdkugel liegen. Sie weisen auf ein steinzeitliches System der Landvermessung hin, das auf astronomischen und religiösen Grundlagen beruht. Entlang der damals meist mit Steinen oder Pfosten gekennzeichneten Wege wurden später die Handelswege angelegt, an den pulsierenden Kreuzungspunkten entstanden Ritualplätze oder Gedenkstätten.

All diesen besonderen Orten haben die Menschen von jeher große Bedeutung beigemessen, da sie Einfluss auf ihre Entwicklung und damit weitreichende Folgen haben können.

Die geschichtliche Dokumentation der Geomantie zeigt, dass die „Kraft der Erde" im Laufe der Zeit immer häufiger dem Machtmissbrauch diente – sei es von weltlicher oder geistlicher Seite. Die unangebrachte Anwendung der Lehre gipfelte darin, dass die Ergebnisse der Erforschung von Orten mit besonderer energetischer Wirkung unter anderem in der Gesellschaft „Ahnenerbe" weitergeführt wurden, die man 1939 in die SS eingegliedert hat.

Heinrich Himmler zum Beispiel war der Meinung, die Geomantie stelle als eine Art politischer Magie den zentralen Schlüssel zur Beherrschung der Welt dar. Beim deutschen Vorstoß gegen Russland und den Osten wurden die „Wolfsschanze", Adolf Hitlers Hauptquartier im Osten, ebenso wie der „Hochwald", Himmlers Hauptquartier in Ostpreußen, nach geomantischen Gesichtspunkten angelegt. Beide Standorte waren außerdem durch eine „heilige Linie" miteinander verbunden, die schon dem Deutschritter-Orden im 13. und 14. Jahrhundert bekannt gewesen sein soll. Hitler erteilte außerdem noch den Auftrag, die Kultplätze der Kelten und der Germanen zu kartografieren.

Viele der alten Kraftplätze wurden im Laufe der Zeit christianisiert und von der Kirche in Beschlag genommen, um dort kleinere und größere Bauwerke des religiösen Glaubens zu errichten.

Auch in Wien machte sich der Klerus die Wirkung der feinstofflichen Schwingungen zunutze, um seine Schäfchen an sich zu binden – das Gefühl von Trost und mentaler Stärkung nach einem Aufenthalt in der Kirche musste daher nicht zwangsläufig auf der Hinwendung zum Glauben beruhen, sondern konnte sich durch die manifestierte Weisheit an Kraftorten begründen. Vertreter des Christentums arbeiteten jedoch seit jeher noch mit weit mehr Tricks.

So wurden etwa die im Mittelalter erbauten Gotteshäuser nach Osten hin ausgerichtet mit Blick zur aufgehenden Sonne, damit die Menschen beim Betreten das Dunkel der Welt hinter sich lassen und auf das Licht zuschreiten konnten. Die Finsternis symbolisierte das Böse, den Teufel, die Helligkeit das Gute, die Auferstehung Jesu.

Vielfach errichtete man in den Kirchen den Beichtstuhl über „Plätzen der Beredsamkeit", die sich dadurch auszeichneten, dass sich darunter Wasseradern kreuzten – die Qualität dieses Kraftorts diente dazu, die Menschen dazu zu bringen, alles von sich preiszugeben und die Wahrheit zu sagen. Zudem wirkt fließendes Wasser ableitend bzw. reinigend und kann dem Gläubigen die Last von der Seele nehmen.

Anschließend wurde der reuige Sünder an einen Ort in der Kirche geschickt, an dem aufbauende Energie herrschte, beispielsweise unter Bilder mit Auferstehungs- und Himmelfahrtsszenen. So sorgte man nach der Beichte für ein Gefühl des Wohlbehagens und der Erleichterung.

Doch damit noch nicht genug der Manipulation mit der Kraft der Erde. Das Holz vieler Kanzeln stammte von Bäumen, die vom Blitz getroffen und mit seiner Kraft gespalten worden waren. Den Worten des Predigers sollte aufgrund der Energie, die nach dem Einschlag der Naturgewalt im Holz steckte, mehr Macht und Nachdruck verliehen werden. Noch erfreulicher war es, wenn man die Kanzel auch direkt über einem Blitzeinschlagspunkt errichten konnte, doch diese Voraussetzungen fand man unter Berücksichtigung der anderen für einen Kirchenbau notwendigen Kriterien nur selten vor.

Dann gab es auch noch den Energiefluss, der in den Gotteshäusern in Gang gesetzt wurde, um eine tiefere Bindung der Gläubigen an Gott zu schaffen. Früher gab es in den katholischen Kirchen das ungeschriebene Gesetz, dass Frauen – vom Eingang aus gesehen mit Blick in den Innenraum – links und

Männer rechts Platz nehmen mussten. Die weibliche Energie wird im Menschen links zugeordnet, die männliche rechts. Wenn nun der Priester am Alter stand und seine Arme ausstreckte, um Segen zu spenden, floss die Energie von seiner linken weiblichen Seite zu den Männern, die rechts saßen, und umgekehrt. Es entstand ein dynamischer Kreislauf, der die Kirchengänger in seinen Bann zog.

Beim Wiener Stephansdom (Stephansplatz 3), dessen erster Bau Mitte des 12. Jahrhunderts außerhalb der damaligen Stadt errichtet wurde, existieren dafür sogar mittelalterliche Wegweiser: die beiden riesigen Geschlechtsorgane, die auf zwei Säulen das Riesentor flankieren. Das „niedere Volk" konnte damals nicht lesen, es hätte also nichts gebracht, die Seiteneingänge zu beschriften – Penis und Vulva waren wohl Hinweis genug. Die Gottesdienstbesucher traten damals ein, schritten nach vorne und gingen am Hochalter vorbei auf ihre Seite, weshalb sich die Geschlechtsorgane auch jeweils auf der anderen Seite am Gotteshaus befinden.

Eine andere Erklärung für die Existenz dieser Steinplastiken lautet, es handle sich dabei um heidnische Fruchtbarkeitssymbole, deren unwillkommene Macht durch die Verkehrung gebrochen werden sollte – vermutlich, weil die Kirche auf einem ehemaligen keltischen Kraftort errichtet worden war (schon im 9. Jahrhundert existierte an derselben Stelle ein Gotteshaus, auf dessen Resten der Dom steht, da man vermutlich um die hohe Energiequalität dieses Platzes wusste).

Auf einem machtvollen Kraftort hat man auch die Ruprechtskirche (Ruprechtsplatz 1) erbaut, bei der es sich um die älteste in ihrer Grundsubstanz noch bestehende Kirche Wiens handelt. Der Legende nach wurde sie zwischen 791 und 803 errichtet, an der Stelle, wo sich einst der östliche Teil des römischen Militärlagers Vindobona befunden hat. Bei Untersuchungen der Unterkirche von St. Ruprecht im Jahre 1902 hat man festgestellt, dass diese aus römischem Mauerwerk besteht (ebenso wie auch Teile des Stephansdoms), das Material aber von einem ehemals heidnischen Bau stammt. Es kann also angenommen werden, dass die Römer einen Teil ihres Befestigungsrings auf einem ummauerten uralten Ritualplatz oder heiligen Hain errichteten.

Von diesem Kraftort aus entwickelte sich später der innere Kern von Wien, die eigentliche Keimzelle der Stadt. Etwa ab dem ersten Viertel des 9. Jahrhunderts entstanden auf dem Areal ein Herrschersitz, ein Verwaltungsgebäude für die damals umliegenden Weingärten und der Kienmarkt (in den Annalen „Kühn Markt" und „Chien marcht" geschrieben, an dessen Bretterbuden vorwiegend Utensilien für die Beleuchtung der Häuser, etwa Kienspäne und Harz, feilgeboten wurden). Dort traf sich die Stadtbevölkerung zum Ein- und Verkaufen, Feilschen und Handeln sowie Klatschen und Tratschen.

Aber auch die Michaelerkirche (Michaelerplatz 5) weist zwei wichtige energetische Merkmale auf, die wie Magneten auf die Gläubigen wirken. Sie verfügt über eine starke Erd- und Schutzqualität, da sie zu Beginn des 13. Jahrhunderts an einer damals exponierten Stelle außerhalb der Stadtmauer errichtet wurde, von der aus sie über die Wiener wachen sollte. Zudem existiert in dem Gotteshaus ein aufladender Energieort nahe der Kanzel, unter der sich ein unterirdischer Wasserlauf befindet. Auf die positive Kraft des Orts deutet das dort befindliche um 1240 entstandene Drachenkapitell hin – zu sehen sind zwei der geschuppten Fabeltiere mit ineinander verschlungenen Schweifenden.

Im Christentum wurde allerdings nicht nur mit positiver Verstärkung, sondern auch mit negativen Reizen gearbeitet, um das Verhalten der Gläubigen zu beeinflussen und sie zu manipulieren. Ein Beispiel dafür ist der Einsatz von Memento-mori-Darstellungen, vorwiegend in Form von Gebeinen, die den Tod in Verbindung mit dem drohenden Fegefeuer vor Augen führen sollten. Man wollte damit verhindern, dass die Schäfchen Gottes sich zu frei fühlten, ohne Angst, nach ihrem Dahinscheiden nicht in den Himmel zu gelangen.

Auch der monotone Singsang der Priester, der gemeinsam mit der dröhnenden Orgelmusik auf die Menschen früher sicher einschüchternd wirkte, handelte vom Leben nach dem Dahinscheiden – frei nach dem Motto: *Media vita in morte sumus*, was in etwa *Mitten im Leben sind wir vom Tod umgeben* bedeutet. Und dass bei jedem Gottesdienst Kerzen angezündet wurden, hatte mit dem Gedenken an die Verstorbenen zu tun.

Besonders der Totenkopf gilt seit uralten Zeiten als Hinweis auf die Vergänglichkeit des irdischen Seins: Erinnere dich, dass du sterblich bist! Der passende lateinische Spruch findet sich auf einem Epitaph neben einem der Altäre: *Optima philosophia et sapientia est meditatio mortis*, was übersetzt bedeutet: *Es ist die höchste Philosophie und Weisheit, sich den Tod vor Augen zu halten!*

Abgesehen von der Existenz auf Grabsteinen finden sich in Wien bemerkenswerte Darstellungen von Totenköpfen an und in Gotteshäusern.

Einer der interessantesten steckt unter der Achsel des wohl hässlichsten Puttos der Stadt in der Kirche am Hof in einer der linken Seitenkapellen.

Ein Totenkopf als Weihwasserkessel (siehe Cover) schmückt den Eingangsbereich des Franziskanerklosters am Franziskanerplatz 4. Die mahnende Inschrift am Sockel lautet: *Heute an mir, morgen an dir.*

Im Jahr 1543 leitete eine Nonne namens Juliane Kleeberger, die ein Verhältnis mit dem Ordenspriester Laubinger pflegte, das Kloster und stellte ihren Nonnen die Räumlichkeiten für Orgien zur Verfügung. So nahe liegen in diesem Haus Freud und Tod beisammen.

Putto in der Kirche am Hof

Den Stephansdom zieren mehr als 50 Totenköpfe. Das Weihwasserbecken in Form eines nackten Schädels, das sich an der nördlichen Außenwand der Kirche befindet, trägt zusätzlich noch Fledermausflügel – damit wird die Bedeutung gedoppelt, da dieses Tier den Teufel repräsentiert.

Auch Rudolf Schwarz, Autor des Buches *Geheimnisvoller Stephansdom*, meint, dass die Darstellung der Totenköpfe am „Lesebuch aus Stein" im Herzen von Wien Angst beim gemeinen Volk erzeugen sollte. Vor allem im Mittelalter, zu einer Zeit, in der im Namen der Justiz gefoltert und hingerichtet wurde, außerdem Seuchen und Hungersnöte ein Menschenleben rasch vergänglich erscheinen ließen, hatte jedermann die eigene Sterblichkeit permanent vor Augen. Es erscheint also durchaus vorstellbar, dass die Kirche diesen Umstand ausnutzte, um ihre Schäfchen unter Kontrolle zu halten und zudem an ihr Geld zu gelangen. Wer spendete damals wohl nicht gern für ein „Ruhe in Frieden" samt Plätzchen im Himmel, das den eigenen Tod etwas erträglicher erscheinen ließ und damit zum Seelenfrieden auf Erden beitrug?

Spätestens im Barock standen Vanitas-Motive, welche die Vergänglichkeit alles Irdischen darstellen, allerdings nicht mehr nur mit dem Glauben in Verbindung. Sie galten außerdem als
schick und zierten in der höheren Gesellschaft sämtliche Luxusgüter, vor allem teuren Schmuck.

Am Stephansdom findet man neben den Totenköpfen auch zahlreiche in Stein gemeißelte Botschaften an fromme Christen, welche die Menschen einst in ihren Nöten abholten und Trost boten. Der „Zahnwehherrgott" oder die „Dienstbotenmadonna" beispielsweise erreichten die Gläubigen unmissverständlich und ohne Umwege, bei ihnen konnte man um Hilfe bitten, wenn einen Schmerzen oder Sorgen plagten. Hinzu kommen zahlreiche Darstellungen von Märtyrern, die Aufopferung symbolisierten und den Gedanken, nicht nur an andere, sondern auch an sich selbst zu denken, gar nicht erst aufkommen ließen.

Kolomanistein im Stephansdom

Eine Besonderheit des Stephansdoms ist der im Bischofstor befindliche Kolomanistein, den Rudolf IV. laut nur noch teilweise lesbarerem gotischen Schriftzug am Rahmen im 14. Jahrhundert hier einmauern ließ. Er ist benannt nach dem irischen Königssohn und Märtyrer St. Koloman, der im Jahr 1012 auf seiner Pilgerreise in der Nähe von Stockerau wegen seiner fremdartigen Kleidung für einen Spion gehalten und gehenkt wurde.

Die Verdächtigung könnte mit Kolomans möglicher Tätigkeit als Landvermesser zu tun gehabt haben (keltisch „col" = schlank, „men" = Stein – sogenannte Menhire wurden von jeher als Vermessungsobjekte verwendet –, woher sich unter Umständen der Name Koloman ableitete), der in seinem Beruf viel herumkam und Nachrichten weitertrug.

Da über diesen Stein das Blut des Pilgers geflossen sein soll, wird er häufig berührt, weshalb die Vorderseite von den Handabdrücken Abertausender Menschen aus der ganzen Welt bereits stark abgerieben ist.

Heute sind die Hintergründe der kirchlichen Symbolik vielfach in Vergessenheit geraten, Kraftorte aus längst vergangenen Tagen wurden mit Stein und Beton verbaut – doch es ist sowohl die Manipulation durch direkte und indirekte Sinnbilder im kollektiven Gedächtnis gespeichert, als auch die Wirkung feinstofflicher Energien in der Genetik jedes Lebewesens verankert.

Aus diesem Grund üben auch bestimmte Kräfte, deren Nutzung unter anderem durch das Gelehrtenwissen gläubiger Männer erlangt wurde, bis heute einen Einfluss auf die Menschen aus – es kommt nur darauf an, zu wessen Gunsten sie eingesetzt werden.

Magische Schutzzeichen und weltliche Kraftplätze

Nicht nur der Klerus kannte sich bestens mit der „Weissagung aus der Erde" aus, auch der Hochadel war bewandert, was das Wissen um die Ortung und Nutzung von Kraftplätzen und Energielinien betraf. Ebenso kannten sie sich mit magischen Praktiken und Zeichen aus, die sie, ihre Familie und das Land vor schlechten Einflüssen schützen sollten.

Bis zum 18. Jahrhundert waren die Wissenschaften noch nicht so streng voneinander abgegrenzt und exakt definiert wie heute, weshalb auch der Okkultismus ganz selbstverständlich Teil der Forschungen war. Die Devise der dynastischen Familienmitglieder lautete: „Willst du die Natur beherrschen, so musst du ihre Geheimnisse kennen, und dann wirst du auch die letzten Wahrheiten dieser Welt erfahren!" – dabei handelte es sich nicht nur um in den Raum gestellte Worte, sondern um gelebtes Programm.

Als der erste spiritistisch angehauchte Habsburger gilt Kaiser Rudolf II., der an seinem Prager Hof neben Künstlern und Weisen auch Wahrsager, Astrologen und Alchemisten um sich scharte und seinen Gelehrten ein eigenes Labor für okkulte Experimente einrichtete.

1602 ließ sich der Monarch vom kaiserlichen Kammergoldschmied und Juwelier Jan Vermeyen seine berühmte Hauskrone anfertigen, die ihn vor dem Bösen schützen und außerdem eine Verbindung zum Überirdischen garantieren sollte. An der Spitze des Prunkstücks saß ein blauer Saphir als immer wiederkehrendes magisches Symbol der Habsburger. Der „Zauberhut" des Monarchen, der später zur offiziellen Kaiserkrone erhoben wurde, ist in der Wiener Schatzkammer, die sich im Schweizer Trakt der Hofburg befindet, zu bewundern.

Rudolf II. sammelte außerdem magische Kuriositäten, wie nach ihm fast alle Mitglieder der Herrscherdynastie. Er befand sich beispielsweise im Besitz des rätselhaften Voynich-Manuskripts, dessen Text in unbekannter Schrift bis heute nicht vollständig entschlüsselt werden konnte und das sich heute im Buchbestand der amerikanischen Yale Universität befindet.

Antriebsfeder für die Sammelleidenschaft der Habsburger waren dabei nicht nur die Freude an schönen und kostbaren Dingen, sondern auch Wissensdurst und Neugierde.

Einige dieser Objekte sind in den Wunderkammern im Kunsthistorischen Museum ausgestellt, einer enzyklopädischen Sammlung als Abbild des Universums, welche das Wissen der damaligen Zeit zu erfassen versuchte und mit seinen obskursten Gegenständen im Mikrokosmos den Makrokosmos widerspiegeln sollte.

Ende des 18. Jahrhunderts hatte man schon etwas mehr Bodenhaftung, was das Interesse an Okkultem betraf. Aber man blieb im Kaiserreich dafür aufgeschlossen.

Beispielsweise verwirklichte Franz I. Stephan von Lothringen, der Ehemann von Maria Theresia, seine Faszination von magischen Kraftplätzen unter anderem in der gartenarchitektonischen Gestaltung des Schönbrunner Schlossparks. Die baukünstlerische Leitung hatte der Wiener Architekt Johann Ferdinand Hetzendorf von Hohenberg, ein Freimaurer, Rosenkreuzer und Mitglied der Illuminaten, der in der Anlage zahlreiche Zeichen der Logen versteckte.

Im Wegenetz des Areals ist außerdem das Pentagramm (Eckpunkte: Gloriette, Eingang Tiergarten, Wagenburg, Orangerie und Obelisk) zu finden, das wie ein unsichtbares Energienetz über dem Park liegt. Mit diesem Zeichen zum Schutz vor bösen Mächten sollte das Schicksal günstig beeinflusst werden.

Da man von den Vorlieben des Kaisers wusste, wollte ihn sein Küchenchef mit einer neuen Kreation überraschen, zu welcher er durch die Serviettenfalter inspiriert worden war. Es handelte sich um ein besonders krustenreiches, resches, sternförmiges Weißgebäck, das mit seinen Einschnitten einen fünfzackigen Stern bildete – ein essbares Pentagramm. Nach einem ersten Geschmackstest stimmten der Monarch und seine Vorkoster dahingehend überein, dass es sich bei diesem Gebäck um den „Kaiser der Semmeln" handelte. Der Name blieb der Kreation erhalten, und die Kaisersemmel darf seither auf keinem Frühstückstisch und bei keinem Festbankett mehr fehlen. 1760 wurde sie bei der Hochzeitstafel von Joseph II. erstmals auch vom Hofmaler verewigt. Das Gemälde ist im Schloss Schönbrunn ausgestellt.

Doch es warten noch weitere Kraftorte in Schönbrunn darauf, entdeckt zu werden. So befinden sich beispielsweise seit dem Jahr 1700 drei Meter vor dem großen Tor am Eingang in den Ehrenhof zwei Obelisken. Solche Steinpfeiler gab es bereits im alten Ägypten, sie waren dem Sonnengott Ra gewidmet, standen immer paarweise vor Tempelanlagen und hatten die Aufgabe, Priester und Gäste energetisch auf den Besuch des Heiligtums vorzubereiten. Beim Verlassen des Tempels wurden die Schwingungen wieder umgestellt.

Noch bedeutsamer sind einzeln platzierte Obelisken, welchen eine starke magische Heilkraft nachgesagt wird, die umso stärker wirkt, wenn sie auf einem sensiven Austrittspunkt der erdmagnetischen Strahlung stehen und mit den Ecken auf einer Nord-Süd-Achse ausgerichtet sind – so wie das 1777 von Joseph II. im Park von Schönbrunn auf vier goldenen Schildkröten errichtete Exemplar. Dieser 31 Meter hoch in den Himmel ragende Obelisk birgt zudem ein Geheimnis, denn auf seinen vier Seiten sind ägyptische Hieroglyphen eingraviert, die laut 1802 erfolgter Aufzeichnung in einem Stadtführer als die Lebensgeschichte Maria Theresias übersetzt wurden – obwohl man die exotischen Zeichen erst 20 Jahre später dank des Steins von Rosette dechiffrieren konnte.

Offiziell ließ man die Hieroglyphen am Schönbrunner Obelisk, die man davor als schmückende fantasievolle Piktogramme interpretiert hatte, erst 2005 von einer Ägyptologin deuten – sie erzählen tatsächlich die Geschichte der Kaisergattin aus dem 18. Jahrhundert. Zusätzlich birgt auch die Inschrift auf dem Sockel eine verschlüsselte Botschaft: Die Summe aller Buchstaben der Widmung, die Maria Theresia und ihrem Sohn Joseph II. gilt, ergibt 46, was dem Buchstaben-Zahlenwert für ROM entspricht – dem Codewort der Illuminaten für die Stadt Wien.

Weiter hinten in der Anlage wird die große Terrasse von Säulen aus dem Schloss Neugebäude in Simmering, welches Kaiser Maximilian II. Mitte des 16. Jahrhunderts errichten ließ, getragen. Franz I. Stephan hat sie herbeischaffen lassen, obwohl Maria Theresia meinte, das seien nur *steinerne skrullen und gesimbsen welche nichts nuzet.* Der Regent wusste es besser, sah in ihnen symbolische Verbindungen zum Himmel und war daher davon überzeugt, dass sie mit Kraft gefüllt sein müssten. Jede dieser acht Doppelsäulen hatte neun Kaisern gedient, von Maximilian II. bis Karl VI., und bis zum Ende der Monarchie weiteren neun Kaisern. Die paarweise Aufstellung der Schönbrunner Säulen symbolisiert außerdem Gerechtigkeit und Wohlwollen.

Gegenüber der großen Terrasse liegt die Gloriette, wo weitere 16 Säulen stehen – so entstand nach Meinung des Kaisers dazwischen ein imperiales Kraftfeld, das mit der Weltachse verbunden ist. Von Schönbrunn ausgehend existieren außerdem zwei Energielinien, die es schon lange vor der Regentschaft Maria Theresias und ihres Gatten gegeben hat: Die erste führt zum Neptunbrunnen, von dort über die Gloriette nach Graz und Rom bis nach Karthago und erinnerte an die Vergänglichkeit großer Reiche. Die zweite weist den Weg vom Schloss zum Obelisken, dann zum Olymp in Griechenland und über Athen weiter nach Abu Simbel. Und dann gibt es noch ein Schutzkreuz, das über der ganzen Stadt liegt. Ein Balken ist die Kaiserachse von Klosterneuburg über den Leopoldsberg, durch die Hofburg zur Karlskirche und weiter über Oberlaa, Maria Lanzendorf nach Eisenstadt bis zum Neusiedlersee, der andere die Walzerlinie quer durch Wien, vom Tiergarten Schönbrunn bis zum Riesenrad.

Der Begriff Kaiserachse bezieht sich auf Karl VI., den Vater von Maria Theresia, der im 18. Jahrhundert diese Energielinie mit zwei grandiosen Bauwerken markierte: dem Stift Klosterneuburg, das der Monarch als herrschaftliche Klosterresidenz errichten ließ, und der Karlskirche in Wien, die bei ihrer Errichtung noch im Auwald lag.

Die Walzerlinie wurde nach dem ältesten der modernen bürgerlichen Gesellschaftstänze benannt. Auf ihr liegt beispielsweise das Burgtor, dessen Vorläufer Napoleon nach dem Schönbrunner Frieden mit Kaiser Franz II./I. sprengen ließ – womit er der Stadt allerdings einen Gefallen getan hat, denn die „neue Offenheit" führte dazu, dass die Lebensqualität in der Stadt stieg und auch wieder mehr gefeiert wurde.

Ebenfalls auf der Walzerlinie fand von 1814 bis 1815 der Wiener Kongress statt – man verhandelte am Ballhausplatz, dinierte und tanzte in Schönbrunn,

1825 zogen Johann Strauß und Joseph Lanner nach St. Ulrich (heute Bezirk Neubau), das ebenfalls auf der Walzerlinie liegt. Hier kam im Oktober desselben Jahres Johann Strauß Sohn zur

Welt. Sein Vater, der sich einen Fehltritt erlaubt und anschließend mit der Familie gebrochen hatte, wollte, dass der Junge Be-
amter werden sollte. Doch seine Mutter ließ den kleinen Johann
zum Komponisten ausbilden – die Rache der betrogenen Frau an
ihrem untreuen Gatten gelang und schon der erste Auftritt von
Johann Strauß Sohn im Casino Dommayer in Hietzing wurde
ein Riesenerfolg.

Der junge Musiker bezog eine Wohnung in der Praterstraße 54
in der Leopoldstadt, wo er den *Donauwalzer,* die weltberühmte
inoffizielle Hymne Österreichs, komponierte. In seiner Hietzinger Villa in der Maxingstraße 18 schuf er *Die Fledermaus*, die
wahrscheinlich bekannteste Operette überhaupt. Beide Adressen
befinden sich ebenfalls auf der Walzerlinie, die gemeinsam mit
der Kaiserachse das Schutzkreuz bildet.

Bereits viel früher war in Wien eine Art mystische Schutzzone
entstanden, nämlich durch das Erbauen der drei ältesten Kirchen
Wiens in einem exakten Dreieck: Ruprechtskirche, Maria am
Gestade und St. Peter. Diese geometrische Figur steht für die Har-
monie zwischen Körper, Geist und Seele – übertragen auf die
Stadt bedeutet das: Kein negativer Einfluss von außen kann diese
Eintracht zerstören.

Im Jahr 1155 nahm der Babenberger Heinrich II. Jasomirgott
die erste Stadterweiterung vor und beauftragte die Errichtung
eines weiteren Gotteshauses, der Schottenkirche. Sie sollte jedoch energetisch ins Konzept passen, weshalb der Standort sorgfältig ausgewählt wurde, sodass eine Verbindung der Kirchen anschließend ein Kreuz ergab. Am Schnittpunkt der beiden Linien
entstand 1410 das Alte Rathaus. Mit dem Stephansdom und der
Michaelerkirche entstand in der Folge ein Pentagramm, womit
die Schutzzone über der damals noch kleinen Stadt vorerst vollständig war.

Nicht nur seine spiritistisch angehauchten Vorfahren, sondern auch der nüchterne Kaiser Franz Joseph I. wollte Schutz für seine Stadt – und beschloss, ebenfalls (auf) ein bisschen Magie zu bauen.

Als im Jahr 1858 der Abbruch der Stadtmauer begann, gab es für die Neuerrichtung der Wiener Ringstraße einen Wettbewerb und 85 Architekten aus ganz Europa reichten ihre Entwürfe ein. Schließlich wurde ein Plan genehmigt, der die Straße und die Bauwerke einerseits nach dem Goldenen Schnitt und anderseits in Form eines Pentagramms anordnete.

Das Denkmal der Kaiserin Maria Theresia bildet hierbei eine Spitze. Setzt man nun an der Peterskirche als Mittelpunkt der Innenstadt einen Zirkel an und zieht einen Kreis, ergeben sich die anderen Spitzen: Rossauer Kaserne, ehemaliges Kriegsminis-terium, Universität und Stadtpark.

Kein Zufall ist weiters die Unterteilung der Ringstraße in neun Teile. Neun ist die Zahl der Sammlung vor dem Übergang in eine neue Ebene zu einem höheren Bewusstsein.

Außerdem ließ Franz Joseph die Wünschelrute für sich arbei-ten – besser gesagt, seinen Oberst Carl Beichl, der im Namen seiner Majestät diverse sogenannte „Mutungen" durchführte. Der Offizier war im Auftrag des Kaisers unterwegs, um verborgene Wasseradern und Energiequellen aufzuspüren. Nach dem erfolg-reichen Auffinden von unterirdischen Quellen im Karstgebirge verlieh Franz Joseph seinem geomantisch talentierten Untertanen eine kleine goldene Wünschelrute, die er am Kragen seiner Uni-form tragen durfte. Als der Mann auch noch die Taschenuhr des Monarchen aufstöberte, die er auf der Jagd im Wald verloren hat-te, war der Kaiser von dieser spirituellen Praxis restlos überzeugt.

Abseits der geomantischen Kraftplätze mit ihrer feinstofflichen Qualität, die bereits die Kelten und Germanen kannten, existieren in Wien zwischen Stein und Beton noch weitere Kraftorte. Diese verdanken ihre Wirkung anderen Gegebenheiten: einem Zusammenspiel von geologischen Besonderheiten, in der Atmosphäre gespeicherten Ereignissen und kulturhistorischen Prägungen, die den Genius Loci, den Geist des Ortes, ausmachen.

Diese mystischen Plätze mit ihren speziellen Schwingungen können bei sensitiven Menschen ein Gefühl der Entspannung, Behaglichkeit und des Einsseins mit der Umgebung bewirken, oder – im Gegenteil – Unwohlsein, Abwehrreaktionen und sogar Angst verursachen.

Maria-Theresia-Denkmal

So, wie man Maria Theresias steinernes Abbild ganz bewusst zwischen dem Naturhistorischen und Kunsthistorischen Museum an der Spitze des Ringstraßen-Pentagramms aufgestellt hat, wurden auch andere Denkmäler nicht zufällig dort platziert, wo sie auch heute noch stehen.

So thront beispielsweise Dichterfürst Johann Wolfgang von Goethe am Ring vor dem Burggarten auf einem Platz, der mit „natürlicher Radioaktivität" strahlt und die Kreativität positiv beeinflusst.

Eine für einsame Menschen sowie verliebte Paare hilfreiche Energie herrscht beim Elisabeth-Denkmal am Josef-Meinrad-Platz im Volksgarten. Kaiser Franz Joseph, der selbst aufgrund der häufigen Abwesenheit seiner geliebten Gattin die meiste Zeit allein gewesen war, hatte den Standort von seinem Oberst Carl Beichl und dessen Wünschelrute aussuchen lassen.

Eine ambivalente Qualität weist der Standort des Denkmals von Erzherzog Carl am Heldenplatz auf, das den Sieger über Napoleon in der Schlacht bei Aspern auf seinem Pferd zeigt. Es scheint in der Atmosphäre Verwirrung darüber zu herrschen, dass der Habsburger nach seinem Erfolg im Jahr 1809 als Held gefeiert, aber kurz darauf nach der Niederlage in der Schlacht bei Wagram und einem eigenmächtig mit dem Feind geschlossenen Waffenstillstand von Kaiser Franz I. suspendiert wurde.

Um einen stark energetisierenden Kraftort handelt es sich beim Platz des Reiterstandbilds von Kaiser Joseph II. am Josefsplatz. Eine positive Aura umfängt den Betrachter des Denkmals, während ihm Zuversicht und Glaube geschenkt wird.

Eng mit dem Charakter der Person verbunden sind die Denkmäler für den Schriftsteller und Univ.-Prof. Joseph von Sonnenfels, der während der Regierungszeit Maria Theresias 150 Bücher publizierte. Er setzte sich maßgeblich für die Abschaffung der Folter ein und erreichte durch zahlreiche Interventionen schließlich auch am Wiener Hof ein Umdenken, das zur Abschaffung der

Qualen führte – eine Pioniertat für Europa. Sonnenfels bediente sich, vielleicht unbewusst, einer magischen Technik und war der Meinung, dass gute menschenfreundliche Gedanken, als Ist-Zustand formuliert, wie ein Magnet auf Eisen wirken: Sie ziehen das an, was sie enthalten. Er beschrieb in zahlreichen Publikationen, wie die Welt ohne Tortur aussehen würde, obwohl die Gerichte, Politiker und anfangs auch Maria Theresia dagegen waren, die „peinliche Befragung" abzuschaffen.

Der österreichische Schriftsteller wusste schon damals, was heute noch gilt: Siege beginnen im Kopf – die Niederlagen auch. Und die beliebten „Wünsche ans Universum" funktionieren gleichermaßen: Das Anliegen in Gedanken als Realität zu manifestieren, führt zum ersehnten Ziel.

Sonnenfels, der mit Ludwig van Beethoven befreundet war, wurde Berater bei Hof, Präsident der Akademie der bildenden Künste, Freimaurer und Oberhaupt der Wiener Illuminaten. Sein Denkmal steht am Rathausplatz, ein zweites ist Teil des Maria-Theresia-Denkmals an der Wiener Ringstraße und ebenfalls im 1. Bezirk gibt es eine Sonnenfelsgasse. Diese drei Stellen gelten als stark positive Kraftorte, die für Willensstärke und die Macht der Gedanken stehen.

Ein qualitativ hochwertiger Ort für Kreative und Freigeister ist der Donnerbrunnen am Neuen Markt. Seine Skulpturen fielen 1770 der Keuschheitskommission von Maria Theresia zum Opfer, sie wurden wegen anstößiger Nacktheit entfernt. Sie sollten sogar eingeschmolzen werden, doch der damit beauftragte Bildhauer Johann Martin Fischer erkannte ihren künstlerischen Wert, restaurierte und versteckte sie. Im Jahr 1801 konnten die Figuren dann wieder an ihrem alten Platz aufgestellt werden.

Eine besonders mystische Kraft ist am Hohen Markt zu spüren, auf dem sich einst menschliche Tragödien abgespielt haben. Es handelt sich um eine ehemalige Hinrichtungsstätte, an der viel Blut und Tränen flossen, aus diesem Grund sowohl Schmerz und

Trauer, aber auch Zorn und unaufgelöste Traumata in der Atmosphäre gespeichert sind. Seine ehemalige Nutzung verleiht dem Ort eine diffuse Aura, die von den unerlösten Seelen stammt, die ihr Schicksal noch nicht akzeptiert haben. Die Energie kann drückend und deprimierend, aber aufgrund der hochfrequenten Schwingungen auch aufbauend und stärkend wirken.

Im Schlosspark von Schönbrunn befinden sich fünf Energieplätze rund um das 1750 erbaute Taubenhaus, die ein Pentagramm bilden. Um die Anlage herum führt ein Wegesystem, das um 1760 in ringförmigen und radialen Gängen angelegt wurde. Auf diesem sogenannten „Schönbrunner Ringelspiel" liegen ebenfalls mehrere Kraftorte, die zum Innehalten und Genießen einladen.

Im Tiergarten Schönbrunn liegt der bedeutendste Platz, der positiv schwingt, unter dem historischen Pavillon, unter dem sich zwei Wasseradern im rechten Winkel kreuzen (eine davon führt wie auf einer magnetischen Spur durch die Mittelallee direkt zum Eingang des barocken Prunkstücks). Auch diese Stelle wurde bereits vor Jahrhunderten von den Wienern der Antike genutzt, da sie eine gute Möglichkeit bot, zur Ruhe zu kommen und für Probleme Lösungen zu finden.

Aber nicht nur Menschen können die Wirkung von Kraftplätzen in der Stadt erspüren, sondern auch Tiere – Tauben etwa sind dort in größerer Anzahl anzutreffen als in Wien ohnehin schon üblich. Außerdem wachsen Pflanzen an den positiven Plätzen schneller und üppiger als an negativen und Bäume zeigen verschiedenste Strahlungen in ihrem Umfeld durch Veränderungen der Blattstruktur und Rinde an.

Es heißt zudem, dass sich an Kraftorten zwischen Stein und Beton auch urbane Natur- oder Elementargeister aufhalten, von denen seit jeher berichtet wurde. Sie schützen ihren Lebensraum und sorgen dafür, dass er im feinstofflichen Gleichgewicht bleibt. Mit diesen Wesen haben sich auch schon verschiedene gelehrte Mystiker wie Paracelsus, von dem an anderer Stelle noch die

Rede sein wird, ausgiebig beschäftigt. Zu diesen mystischen Geschöpfen zählen etwa Baumwesen, Elfen, Nixen und Zwerge. Ihre Anwesenheit deutet auf eine hohe energetische Qualität an dem Platz hin. Zuletzt sollen noch die Feen genannt werden, die sich vorwiegend über Gewässer Zutritt zum Lebensraum der Menschen verschaffen. Sie haben allerdings nicht nur Gutes im Sinn, daher sind Feentore, auch als dunkle Portale bezeichnet, unbedingt zu meiden. Diese finden sich an den Ufern von Flüssen, Seen und Tümpeln, etwa entlang der Donau oder in den Auen, meist in einem Gebüsch oder im Wurzelwerk alter Bäume.

Rätselhafte Codes, Zahlenmystik und Architektur

Dass verschiedenste Naturphänomene mit bestimmten Zahlen in Verbindung stehen und mathematisch berechnet werden können, ist mittlerweile bekannt. So herrscht auch am Firmament eine gewisse Symmetrie vor, die für einige Ereignisse verantwortlich ist. Beispielsweise entsteht eine vollständige Sonnenfinsternis durch folgende astrologische Besonderheit: Der Mond ist 400-mal kleiner als die Sonne und zugleich 400-mal näher an der Erde, weshalb beide Himmelskörper gleich groß aussehen und der Mond die Sonne vollständig verdeckt, wenn er sich mit ihr auf einer Linie befindet.

Auch in der Stadtbebauung spielen Zahlen eine große Rolle und es gibt viele Beispiele für architektonische Codierungen. So handelt es sich etwa beim Stephansdom nicht nur um einen steinernen Zeitzeugen und das Symbol höchster Frömmigkeit, sondern auch um einen Prestigebau der Katholiken mit integrierter Zahlenmystik. Er ist nicht nur nach einem ganz bestimmten mathematischen System aufgebaut, sondern weist auch noch zahlreiche weitere verschlüsselte Botschaften auf. Außerdem existieren jede Menge Hinweise auf geheime Mächte und Seilschaften, die am Dombau beteiligt gewesen sein sollen. Eine der Codierungen des Doms stellt eine rechnerische und bauliche Meisterleistung dar: Seinen Maßen liegen die heilige Zahl 3 (Dreifaltigkeit) und die irdische Zahl 4 (vier Jahreszeiten, vier Himmelsrichtungen …) zugrunde: Nach alten Angaben ist der gesamte Bau 333 Fuß (= 107,2 Meter) lang – heute nachgemessen stimmt die Länge allerdings nicht, sie beträgt mindestens 348 Fuß – und der Südturm 444 Fuß (= 136,4 Meter) hoch. Setzt man nun hinter die 3 eine 7, also 37, erhält man bei einer Multiplikation mit der 3, die Breite des Steffls, nämlich 111 Fuß (34,2 Meter).

Das Treppengeländer zur Kanzel des Doms setzt sich aus stilisierten Rädern zusammen, einem „Dreipass" und einem „Vierpass". Die Anzahl der Stufen auf der Treppe zur Türmerstube beträgt 343 (7x7x7). Im Langhaus schmücken insgesamt 77 Figuren und Figurengruppen, von Bürgern gestiftet, den Weg zum Hochaltar. 12 (= 3x4) Türmchen schließen den Unterbau des Südturmes ab, dessen Fundament vier Meter tief ist und aus dessen Mitte sich die Turmspitze mit Christus und den 12 Aposteln erhebt.

Die Fenster im Langhaus bestehen aus je vier, die Chorfenster im Priesterbereich aus je drei Teilen. Rund um die Domkanzel findet man die vier Heiligen Ambrosius, Hieronymus, Gregor, Augustinus. Ihre Züge bilden die vier griechischen Temperamente Choleriker, Sanguiniker, Melancholiker und Phlegmatiker ab, außerdem symbolisieren sie die vier Lebensalter.

Die christliche Deutung legt als Schlüsselzahl für den Bau des Stephansdoms die Zahl 37 zugrunde – das X in der römischen Ziffer XXXVII (37) symbolisiert demnach das Kreuzzeichen, das dreifache X wiederum die Dreifaltigkeit. Die 7 (3+4) steht für die Vollkommenheit und Harmonie in Gottes Plänen: sieben Schöpfungstage, sieben Gaben des Heiligen Geistes, sieben Haupttugenden und -sünden, sieben Sakramente, sieben Leidensstationen Jesu, seine sieben letzten Worte am Kreuz …

Die 3 verweist auch direkt auf den Heiland: Er wurde im 12. (3x4) Monat geboren, er sprach mit 12 Jahren das erste Mal vor den Tempelpriestern, er begann seine Mission im Alter von 30, wurde in der dritten Stunde gekreuzigt und ist am dritten Tag auferstanden. Zum Zeitpunkt seines Todes war er 33 Jahre alt.

Eine Inszenierung der Zahlen 3 und 4 findet sich außerdem an der Pestsäule am Graben, auf der die Seuche als alte Frau dargestellt ist – eine höchst eigenwillige Interpretation, wie der Vergleich mit anderen Pestsäulen in Europa zeigt.

Es gibt neben dem Stephansdom noch eine weitere Kirche in Wien, deren Gebäude teilweise auf den Schlüsselzahlen 3, 4 und 7 aufgebaut ist – es handelt sich dabei um die kleine ursprünglich romanische Kirche Maria am Gestade in der Salvatorgasse 12 (3x4). Sie wurde im 12. Jahrhundert erstmals urkundlich erwähnt und zählt, ebenso wie die Ruprechtskirche und die Peterskirche, zu den ältesten Gotteshäusern der Stadt. Ihr Name leitet sich von der früheren Lage am Steilufer eines Arms der damals noch unregulierten Donau ab, die auch dazu beitrug, dass das Kirchlein im Mittelalter vor allem von Fischern und Schiffern besucht wurde.

Bei der Errichtung des Bauwerks konnten trotz verschobener Achse aufgrund der örtlichen Gegebenheiten (die Nordseite steht auf den Mauern eines davor an dieser Stelle befindlichen römischen Bauwerks) die perfekten Maße eingehalten werden – eine viereckige und fünfeckige Vorhalle an der Südseite und die sechseckige Vorhalle an der Westseite: $4^2+5^2+6^2 = 77$.

Der Turm von Maria am Gestade, der im 15. Jahrhundert unter der Mitwirkung eines Dombaumeisters entstand, ist in sieben Geschosse gegliedert und hat sieben Ecken.

Die Zahlenmuster der beiden Kirchen weisen auf die Geheimbotschaften der Steinmetzbruderschaft hin, die im Mittelalter bei der Errichtung von Kathedralen von großer Bedeutung war. Später wurden viele dieser Symbole von der organisierten Freimaurerei übernommen, die aus den Bauhütten der Steinmetzbruderschaften hervorging.

Rituale der Freimaurerlogen sind grundlegend ebenfalls durch die Zahlen 3, 4 und 7 bestimmt. Die 3 dominiert zum Beispiel das Haus Rauhensteingasse 3, das 1984 von ihnen gekauft wurde und in dem die Treffen der Mitglieder stattfinden. Das Tor zieren drei Türknäufe und drei Glocken, die auf das dreimalige Anklopf-ritual der Loge und ihre drei geheimen Erkennungsmerkmale (Zeichen, Griff und Wort) hinweisen. Die insgesamt 33 Strahlen auf dem Sonnenmuster der Haustür stehen für die Summe der Einweihungsgrade der Mitglieder.

Die Zahl 4 ist ein wichtiger Bestandteil beim Aufnahmeritual, sie verkörpert die materielle Welt, aus welcher der Suchende kommt. Die Grundlegung jeder Freimaurerloge erfolgt in Form eines rechtwinkligen länglichen Vierecks von „Osten nach Westen, zwischen Süden und Norden, vom Zenit zum Nadir", wodurch die Universalität des Bundes symbolisiert werden soll.

Am Haus in der Rauhensteingasse 3 befinden sich rechts und links je sieben Steinquader, welche die sieben Stufen zum Salo-monischen Tempel darstellen, auf den die Freimaurer ihren Gründungsmythos beziehen und dessen Allerheiligstes sieben Meter lang, breit und hoch gewesen sein soll.

Ebenso ist die 111 (so wie die Breite des Stephansdoms in Fuß) gebräuchlich, die vom Siegel Satans, einem Würfel, abzuleiten ist, bei dem jede der sechs Diagonalen den Zahlenwert 111 aufweist, was wiederum 666, die Zahl Satans, ergibt.

Verbindungen von Freimaurer-Vorläufern, der Steinmetzbru-derschaft, zum Dom gibt es sehr viele, etwa das 1513 geschaffene Selbstbildnis von Meister Anton Pilgram am Fuß des Orgelchors mit Winkelmaß und Zirkel.

Diese beiden Gegenstände übereinandergelegt wie ein A und ein V ergeben ein Symbol, das die Freimaurer ebenfalls über-nommen haben. Pilgram war von 1511 bis 1515 Leiter der Bau-hütte von St. Stephan.

Ein weiterer versteckter Hinweis auf die Steinmetzbruder-schaft befindet sich am Riesentor. Das Giebelfeld zeigt Christus mit nacktem Knie, bei dem es sich um ein geheimes Erkennungszeichen der Baumeister und Architekten der Hütten handelte. Diese begrüßten sich, indem sie ihre ausgestreckten Zeigefinger auf den Puls des anderen legten und die linken Kniescheiben aneinander rieben – es war dies Zeichen eines ersten Kräfteaustauschs. Und da im Riesentor auch ein Baumeister und ein Geselle der Dombauhütte dargestellt sind, scheint die Erklärung des Bildes von Jesus mit entblößtem Knie als ein Hinweis auf die Verbundenheit der katholischen Kirche mit den Freimaurer-Vorgängern recht wahrscheinlich. Im Aufnahmeritual eines Freimaurerlehrlings spielt das nackte Knie noch heute eine Rolle.

Ergänzung am Rande: Wolfgang Amadeus Mozarts Oper *Die Zauberflöte* strotzt vor Hinweisen auf seine Zugehörigkeit zu den Freimaurern: In Text und Szenenbild ist alles auf der 3 als Schlüsselzahl aufgebaut, zudem sind es drei Musikinstrumente, welche die Handlung des Werks mitbestimmen: die Flöte, das Glöckchenspiel und Papagenos Faunenflötchen. Jedes dieser drei Instrumente wird dreimal gespielt. *Die Zauberflöte* wurde vermutlich in der Wohnung geschaffen, die gegenüber dem heutigen Treffpunkt der Loge liegt, nämlich in der Rauhensteingasse 8, im ehemaligen „Kleinen Kaiserhaus", in dem der berühmte Musiker auch verstarb.

Der Stephansdom hat neben der 3, 4 und 7 noch einen weiteren mystischen Zahlencode zu bieten. Dieser Zahlencode hat mit einem Habsburger zu tun. Sowohl der Wiener Neustädter Altar im Gotteshaus als auch der „Mammutknochen" über dem Riesentor tragen die geheimnisvolle Buchstabenkombination AEIOU, die Kaiser Friedrich III. an etlichen Gebäuden in Wien hinterlassen hat. Unter anderem befindet sie sich an der Ruprechtskirche, gemeinsam mit der Jahreszahl 1439. Der Regent notierte sein bis heute nicht entschlüsseltes Motto außerdem handschriftlich (in

Kleinbuchstaben mit charakteristischer Schlinge) in Büchern und Schriften, zum ersten Mal nach seiner Rückkehr aus dem Heiligen Land, als der damals 22-Jährige im April 1437 ein persönliches Notizbuch anlegte. Vermutungen, was Friedrichs Vokalreihe bedeuten könnte, gibt es viele, z. B.: *Austria erit in orbe ultima* (*Österreich wird bestehen bis ans Ende der Welt*), *Austriae est imperare orbi universo* (*Es ist Österreichs Bestimmung, die Welt zu beherrschen*), *Alles Erdreich ist Österreich untertan* oder *Auf Erden ist Österreich unsterblich.*

Zur Zahlensymbolik: Nimmt man die Buchstabensumme von AEIOU, erhält man 51, in römischen Ziffern LI, und das ist ein chinesisches Längenmaß, nämlich 644,4 Meter. Addiert man nun die 51 zu der Jahreszahl 1439 (AEIOU an der Ruprechtskirche), erhält man 1490, das Todesjahr von Matthias Corvinus. Eine Legende besagt, dass Corvinus, dem Eroberer weiter Teile der habsburgischen Erblande, die er 1485 bis zu seinem Tode von Wien aus beherrschte, während einer Jagd sein Ring von einem Raben (lat. *corvus*) geraubt wurde. Er erlegte das diebische Tier und erlangte so das Schmuckstück, welches von hohem ideellen Wert für ihn gewesen sein dürfte, wieder.

Nimmt man nun einen Zirkel und zieht damit von der Ruprechtskirche zu einer der umliegenden Kirchen (zum Beispiel Michaelerkirche oder Karmeliterkirche) einen Kreis (Symbol für Corvinus' Ring), ist festzustellen, dass darauf drei weitere Kirchen zu finden sind – der Radius soll 644,4 (das chinesische Längenmaß LI und gleichzeitig die Buchstabensumme von AEIOU in römischen Ziffern) Meter betragen. Auf heutigen Stadtkarten gelingt ein sauberer Kreis allerdings nur mehr bedingt.

Später entstanden unter den Habsburgern weitere Bauten, bei deren Errichtung die Zahlenmystik eine gewichtige Rolle spielte. Ein prominentes Beispiel dafür sind die Mitte des 18. Jahrhunderts errichtete historische Menagerie (der heutige Tiergarten) und der darin befindliche barocke Pavillon in Schönbrunn. Für die Gestaltung der Anlage holte sich Kaiser Franz I. Stephan einen Landsmann aus Lothringen: Jean Nicolas Jadot de Ville-Issey, der vermutlich auch die Schriften des englischen Mystikers John Dee kannte und daher Zugang zu geheimem Wissen gehabt haben dürfte. Den Zoo machte der Architekt in Absprache mit dem Kaiser zu seinem zahlensymbolischen Meisterwerk. Er schuf 12 (3x4) Logen für die künftigen exotischen Bewohner, entsprechend dem Tierkreis (Zodiak) und den Monaten im Jahr.

Alle Abteilungen waren durch gelbe Mauern getrennt und mit einem prächtigen Gitter versehen. Entlang dieser Abgrenzung standen jeweils 12 Bäume. Es existierte zudem eine offene 13. Loge (Quersumme 4) mit der Nummer 3, die für Menschen vorgesehen war und in der sich heute die Verwaltung befindet. Sie bildet mit dem Besucherbereich der Menagerie ein Anch, das magische Zeichen aus dem alten Ägypten, das für das Weiterleben im Jenseits steht.

Das barocke Prunkstück im Zentrum des Tiergartens Schönbrunn, zu dem drei Alleen führen, ließ Kaiser Franz I. Stephan 1759 für seine Gattin Maria Theresia und zu Ehren seiner Menagerie erbauen. Der Monarch, der sich neben zahlreichen Naturwissenschaften auch für die Geomantie interessierte, gab eine achteckige (die Zahl 8 steht für die Unendlichkeit als Symbol ewiger Liebe zu seiner Frau) Konstruktion in Auftrag und ließ den Platz, an dem sie aufgebaut werden sollte, exakt vermessen.

Zwei Mal im Jahr, am 13. Mai, dem Geburtstag von Maria Theresia, und am 31. Juli, dem Eröffnungstag der Menagerie, sendet die Morgensonne um genau 5.54 Uhr (Geburtsstunde und -minute Maria Theresias) ihre Strahlen die Allee entlang über den vergoldeten Doppeladler am Dach des Schlosses und danach durch die Mittelfenster des Pavillons, der daraufhin etwa zehn Minuten lang in einem hellen gelben Licht gleißt (im Innenraum befinden sich acht Spiegel, die das üppige Gold der Innenausstattung und die Sonnenstrahlen reflektieren).

Im Keller des kleinen magischen Bauwerks hatte sich Franz I. Stephan ein alchemistisches Geheimlabor eingerichtet (in dem auf einer bestimmten Stelle im Boden ein Pentagramm eingelassen ist), auf dem Dach befand sich eine Sternwarte zur Beobachtung des Himmels. In seiner Forschungsstation wollte der Kaiser die Rätsel der Welt lösen.

Unter Umständen könnte auch die Zahl 666, die biblische Zahl des Tiers, als Code im Pavillon verbaut worden sein (Durchmesser 6 2/3 Klafter, nach metrischer Schreibweise 6,66 periodisch). Ebenso ist die Gralszahl 21 (Umfang 21 Klafter) enthalten – über das geheimnisvolle Gefäß heißt es in einem Merkspruch der mittelalterlichen Bauhütten in Frankreich: Drei Tafeln haben den Gral getragen: eine runde, eine quadratische und eine rechteckige. Ihre Zahl ist 21.

Aber auch im Schlosspark von Schönbrunn finden sich einige Zahlenspiele: So sind die Wege auf den Glorietteberg, den Olymp von Wien, so angelegt wie der Sepirothische Baum in der Kabbala. Die Höhe des Hügels macht mit 243 Meter Seehöhe exakt den zwölften Teil des Olymps aus, dem sagenumwobenen Sitz der 12 griechischen Götter, der 2917 Meter hoch ist. Darunter befinden sich 12 Wasseradern in Richtung Wienfluss, der diese Läufe aufnimmt und in Richtung Donaukanal leitet. Vielleicht haben aus diesem Grund die Wiener Illuminaten das erste Bauwerk auf der Kuppe zu ihrem Kultplatz auserkoren: die „Kleine Gloriette", die früher als ihre große Schwester und somit vermutlich noch während der Regentschaft von Franz I. Stephan errichtet wurde.

Auch der Sohn und Thronerbe des Lothringers zeigte sich fasziniert von mathematischen Verschlüsselungen. Joseph II. glaubte fest an die mystische Kraft der Zahlen und daran, dass sich die Magie bestimmter Systeme positiv und sogar heilend auf Geist und Körper auswirkten. Dem großen Menschenfreund, der sein Volk liebte und aus diesem Grund mehrere Gesundheitsreformen durchführte, lag besonders eine „vernünftige Verwahrung" von „Rasenden, Wahn- und Aberwitzigen" am Herzen. Er wollte die „Tollenden" nicht einfach nur wegsperren, sondern deren Zustand verbessern und ihnen ein besseres Leben ermöglichen. Also beschloss er, auf dem Gelände des damaligen Allgemeinen Krankenhauses Wien einen „codierten Narrenturm" errichten zu lassen und dabei auf die heilende Kraft der Zahlenmagie zu setzen.

Narrenturm

So entstand ab 1784 im heutigen Hof 13 ein runder, fünfstöckiger Bau, im Volksmund wegen seiner Form auch „Gugelhupf" genannt, nach einem von Joseph II. mit seinen Gelehrten ausgeklügelten zahlenmystischen Prinzip. Bei der architektonischen Gestaltung orientierten sich die Architekten an der platonisch-pythagoräischen Mathesis und kabbalistisch-islamischen Zahlenmagie, brachten aber auch Aspekte der rosenkreuzerisch geprägten Alchemie in die Konstruktion ein. Angeblich haben sich auch die Freimaurer, die der Kaiser eine Zeit lang schalten und walten ließ, ohne dem Geheimbund selbst beizutreten, mit einer geheimnisvollen Symbolik am Narrenturm verwirklicht. Die wundertätigen spirituellen wie auch astronomisch-chronologischen Symbole sollten für die notwendige positive Energie sorgen, eine geheimnisvolle Verbindung zwischen Mikro- und Makrokosmos schaffen und heilende Transmutationsprozesse in Gang setzen. Zudem stand die Zahl 4 in der Quersumme der 139 an runden Korridoren aufgefädelten Zellen für Struktur und Stabilität.

In der Barockzeit grassierte ein Phänomen in Wien, durch das die Stadt ebenfalls mit Codes versehen wurde: lateinische Chronogramme, die bis heute verschiedenste Kirchen, Steintafeln und Denkmäler zieren und eine Art Chiffre darstellen. Dabei werden durch Wörter Zahlen gebildet, die ein bestimmtes Datum verraten, sofern man sie entschlüsseln kann. Es handelte sich dabei häufig um das Baujahr eines Gebäudes oder das Geburtsdatum einer hohen Persönlichkeit. Chronogramme finden sich beispielsweise auf dem Steinmedaillon unterhalb des Reliefs an der Fassade des Zwölf-Apostelkellers (Sonnenfelsgasse 3) sowie auf Steintafeln an der Peterskirche, der Ruprechtskirche, der Pestsäule am Graben und der Mariensäule am Hof.

In Wien existieren zahlreiche weitere Bauwerke und Denkmäler, die zahlencodiert sind – das liegt vorwiegend an der langen Herrschaft der Habsburger, die über viele Jahrhunderte hinweg für die Architektonik des gesamten Stadtbilds verantwortlich waren. Da die meisten von ihnen ein Faible für versteckte Botschaften, verschlüsselte Rätsel und magische Geheimnisse hatten, haben sie zu einem großen Teil zum mystischen Erbe Wiens beigetragen.

Wo Alchemisten Metall zu Geld machten

Die Wurzeln der Alchemie, definiert als Lehre von den Eigenschaften der Stoffe und deren Reaktionen, lassen sich mehrere Tausend Jahre zurückverfolgen. Die Ursprünge finden sich in Indien und im alten China und führen über den arabischen Raum nach Europa. Eine Blütezeit der Alchemie, oft auch als „königliche Kunst" bezeichnet, war das Mittelalter mit Vertretern wie dem deutschen Gelehrten und Bischof Albertus Magnus und dem Schweizer Philosophen, Naturmystiker und Heilkundler Theophrastus Bombast von Hohenheim, genannt Paracelsus.

Aber auch schon früher glaubte man an die Verwandlung bzw. Aufwertung von Materialien oder Substanzen durch die Einwirkung bestimmter physikalischer Kräfte oder chemischer Einflüsse. Es ging außerdem darum, Transmutationsprozesse, die in der Natur sehr lange dauern und sich teilweise über mehrere Erdzeitalter erstrecken, zu beschleunigen und den gewünschten Endzustand rascher zu erreichen.

Grundlegend war man davon überzeugt, alle Stoffe seien nicht nur aus Eigenschaften, sondern auch aus Prinzipien aufgebaut. Laut alchemistischem Glauben wäre es also möglich gewesen, ein minderwertiges Material zu neutralisieren und mit den Prinzipien eines hochwertigen neu zu gestalten.

Diese Annahme beruhte auf damals gängigen und auch für nicht-okkulte Forscher bindenden Naturphilosophien. Mithilfe der Anweisungen im *Opus magnum* wollten Alchemisten den Stein der Weisen schaffen und durch Verwendung der rätselhaften Zugaben „roter Löwe" und „weißer Löwe" beliebige Substanzen in Gold und Silber verwandeln. Das Werk entwickelte sich im Laufe der Zeit allerdings zu einem unentwirrbaren Gemisch unterschiedlichster Anweisungen in rätselhafter Sprache, die den praktischen Prozess immer unverständlicher werden ließen.

Jedoch waren Alchemisten nur teilweise von der Idee der Suche nach dem Stein der Weisen getrieben, der ihnen die Herstellung edler Metalle und des Universal-Lösungsmittels Alkahest ermöglichen sollte. Man hatte vielmehr den Wunsch, ein Allheilmittel zu finden, um damit den Menschen zu einem ewigen Leben verhelfen zu können. Dieser Bereich der Alchemie wurde Spagyrik genannt, ein Begriff, den Paracelsus einführte.

Viele der wissenschaftlich tätigen Alchemisten beschritten während ihrer Arbeit einen spirituellen Weg, an dessen Ende die Erkenntnis der eigenen Bestimmung und Vollendung stand. Ein Symbol für diese Entwicklung war das V, der Anfangsbuchstabe des hermetischen Gemeinworts Vitriol.

Bei ihren Experimenten gingen Alchemisten hauptsächlich nach der Methode „trial and error" (Versuch und Irrtum) vor, die den Menschen unter anderem die Rezeptur für die Porzellanherstellung und die Entdeckung einiger chemischer Elemente wie Phosphor einbrachte.

Im 17. Jahrhundert bestanden zudem Bestrebungen, den „Weltatem" zu reinigen, was allerdings nichts mit dem heutigen Umweltschutz zu tun hatte. Vielmehr ging es um die Beseitigung negativer Gedanken und Erinnerungen im kollektiven Unterbewusstsein der Menschen, um ein sauberes, positives Klima zu erzeugen, in dem sich alle Lebewesen wohlfühlen. Dafür sollte eine Apparatur erfunden werden, die das Böse in der Luft anzieht und

„absaugt" – daran tüftelten die bekanntesten Wissenschaftler ihrer Zeit und entwickelten im Verlauf ihrer Arbeit Pumpsysteme, die später perfektioniert und für andere Erfindungen genutzt wurden.

Natürlich waren auch die wissbegierigen Habsburger an der Alchemie interessiert, allen voran Franz I. Stephan, wie folgende Geschichte beweist:

26. Mai 1751, 18 Uhr, ein kleines Dörfchen nahe Zagreb; die Männer arbeiteten noch auf dem Feld, die Frauen bereiteten mit den Kindern das Abendessen zu, das Vieh stand bereits im Stall und wies brüllend darauf hin, dass die letzte Fütterung war.

Kein Lüftchen regte sich, keine Wolke stand am Himmel, als plötzlich wie aus dem Nichts unter ohrenbetäubend lautem Zischen eine rot glühende Kugel auf die Erde zustürzte. Im Flug zersprang sie in mehrere Teile, die *drei Ellenbogen Tieff in den Boden hineindrungen.*

Der Ortspfarrer erkannte glühende Steine, die Gott zur Strafe auf die Sünder geworfen hatte, der Dorfschmied hochwertiges Eisen, *das vielleicht von einem Stern gefallen war.* Jedenfalls wurde der Vorfall an den Bischof gemeldet, der wiederum die Gelehrten des Landes verständigte, die allerdings kein Interesse an den Fundstücken zeigten.

Also erstattete der fromme Mann Bericht an den Kaiser in Wien und lag mit dieser Entscheidung vollkommen richtig. Franz I. Stephan war sofort fasziniert von den „Trümmern aus dem Weltall" – die von einem Meteoriten stammen, wie man heute weiß.

Es existierte bei der Ankunft der kaiserlichen Gesandten in dem kleinen Dörfchen allerdings nur noch das größte der auf die Erde geprasselten Stücke, das immerhin 39 Kilo wog – die kleineren hatte sich bereits der Dorfschmied unter den Nagel gerissen und diese hauptsächlich zu Hufeisen verarbeitet. Der verbliebene Brocken wurde nach Wien geschafft und zum Prestigeobjekt der Sammlung „Wunderkammer aus fernen Welten", die der Kaiser angelegt hatte. Es bekam einen Ehrenplatz als „Teil des Weltalls", der wohl fernsten aller möglichen Welten.

Heute befindet sich der Eisenklumpen in der ältesten Meteoritensammlung der Erde im Naturhistorischen Museum, das seine Existenz dem Forscherdrang und der Sammelleidenschaft von Franz I. Stephan verdankt. Dort findet sich auch die kunstvolle Planetenmaschine, die der Regent bauen ließ. Damit konnte er den Lauf der Gestirne genau studieren, beispielsweise am Dach des Pavillons in der Menagerie. Die Grundregel der Alchemie lautet: „Wie oben, so unten", wie am Himmel, so auf der Erde.

In ein paar Vitrinen ist das traurige Ergebnis eines Versuchs zu sehen, den der Kaiser mit dem Physiker und Jesuitenpater Joseph Franz SJ und einem Häufchen kleiner Diamanten unternahm, der so hoffnungsfroh begonnen hatte: Es war an einem heißen Sommertag im Jahr 1751, die Sonne stand hoch am Himmel, als eine kleine Gruppe festlich gekleideter Personen – der Monarch in Begleitung des Paters, einigen Helfern und Offizieren der Schlosswache – die schützende Kühle von Schloss Schönbrunn verließ und hinaus vor das Gebäude in die pralle Sonne trat.

Von einem Wagen wurde ein zwei Meter hohes dreibeiniges Gestell abgeladen, das mit einer kostbaren Decke in den Farben des Kaisers verhüllt war. Darauf befand sich ein beweglicher Hohlspiegel mit 150 Zentimeter Durchmesser, auf dem das 70 Zentimeter hohe Relief einer Palme zu sehen war. Dieser Baum gilt als Symbol des Lebens und steht seit der Antike für Frieden, Freude und Sieg, außerdem gehört die Palme zu den Mariensymbolen. Durch ihre immergrünen Blätter sind diese Pflanzen auch Sinnbild für Auferstehung und ewiges Leben.

Vor dem Spiegel wurde nun ein kleines, in der Höhe verstellbares viereckiges Tischchen in Stellung gebracht, auf das Pater

Joseph Franz eine dreieckige Schale aus Metall stellte. Das Viereck des Tischchens symbolisierte die Erde und die dreieckige Schale die Verbindung zum Überirdischen.

Nun holte ein Wachoffizier eine kostbare Schatulle und öffnete sie vor dem Kaiser. Der entnahm eine Handvoll kleiner Diamanten und legte diese auf die dreieckige Schale. Inzwischen war die Hülle vom Spiegel entfernt worden, der nun so ausgerichtet wurde, dass die gebündelten Sonnenstrahlen mit etwa 1000 Grad direkt auf die Diamanten trafen.

Die Idee hinter diesem Experiment: die kleinen Edelsteine mithilfe dieser höllischen Hitze zu einem großen Kristall zusammenzuschmelzen. Zunächst passierte gar nichts. Dann begann es zu knistern und es bildete sich Rauch, der immer stärker wurde. Schließlich standen die kleinen Schmuckstücke in Flammen und verbrannten zu einem rabenschwarzen klebrigen Häufchen Asche mit angekohlten oder trüb gewordenen Resten der Diamanten, die in der kaiserlichen Naturaliensammlung landeten. Der Brennspiegel ist heute im Technischen Museum zu sehen.

Das Experiment war gescheitert und dennoch ein Beitrag für die Wissenschaft, denn nun wusste man, dass Diamanten aus Kohlenstoff sind und zu Asche verbrennen.

Der wissbegierige Herrscher Franz I. Stephan führte in seiner Sommerresidenz abseits der Öffentlichkeit mit diversen Gelehrten des Wiener Hofs noch viele weitere Versuche durch und gelangte dabei zu zahlreichen wissenschaftlichen Erkenntnissen, für die er eigentlich posthum den Nobelpreis verdient hätte.

Einige der magischen Studien fanden auch im Labor des Kaiserhauses in der Wallnerstraße 3 statt. Dorthin wurden auch regelmäßig technische Neuerungen von Ingenieuren aus unterschiedlichen Ländern geliefert. Für einen weiteren Diamantenbrennversuch ließ man beispielsweise eine *für damalige Zeiten treffliche electrische Maschine, einen der größten metallischen Brennspiegel in der Welt und verschiedne physikalische und mechanische In-*

strumente und Modele [...] anschaffen. Maria Theresia nahm es gelassen und akzeptierte das kostspielige Hobby ihres Mannes stillschweigend.

Im Kaiserhaus von Franz I. Stephan in der Wallnergasse empfing seine Majestät nicht nur Freunde und Wissenschaftler, sondern auch viele andere Personen, die bei Hof nicht gern gesehen waren: seine Mätressen, Freimaurer-Gefährten und Alchemisten. Auch noch nach dem Tod des Herrschers wurden laut der Aufzeichnung eines Logenbruders in dem Gebäude (das damals Franz Ulrich Kinsky von Wchinitz gehörte) okkulte Experimente durchgeführt.

So soll es im Jahr 1778 dem italienischen Magier Geloni gelungen sein, einen Homunculus, also ein lebendes Kunstwesen, zu schaffen. Zeitzeugen wie die Grafen Kuefstein und Lamberg gaben an, dass es tatsächlich zur Entstehung dieses künstlichen kleinen Menschen kam. Laut neueren Annahmen handelte es sich bei dem Homunculus um eine Allegorie, bei der man Elemente personifiziert und eine chemische Reaktion bildhaft erklärt hatte.

Ein „Spielgefährte" von Franz I. Stephan war unter anderem Giacomo Casanova, mit dem er während dessen Besuchen in Wien den Spittelberg – damals die Hochburg der Prostitution – unsicher machte. Durch den italienischen Schürzenjäger lernte der Kaiser den Grafen von Saint Germain kennen, einen Abenteurer, Alchemisten und Magier. Außerdem handelte es sich bei dem Adeligen, dessen wahre Identität bis heute ungeklärt ist, laut eigener Aussage um einen Wiedergänger. Er behauptete von sich, schon ewig zu leben und Moses, Cäsar oder Kolumbus kennengelernt zu haben.

Der umtriebige Lebemann verstand es meisterhaft, die Erlebnisse aus längst vergangenen Zeiten so bildhaft zu schildern, als wäre er tatsächlich selbst dabei gewesen. Es gelang ihm, die Menschen in seinem Umfeld zu täuschen und von sich einzu-

49

nehmen, was ihm überall zum Eintritt in die höchsten Adels-
kreise verhalf. Dort pflegte er dann auf die Suche nach Geldge-
bern zu gehen, die ihm sein aufwendiges Leben und seine teuren
Hobbys, wie etwa die Alchemie, finanzierten. Der selbst ernann-
te Wiedergänger hielt sich während einer seiner Aufenthalte in
Wien im Jahr 1745 mehrmals in dem kleinen, düsteren Haus mit
verwildertem Garten *Zum goldenen Rauchfang* auf, das sich in der
Rauchfangkehrergasse 23 (heute Rasumofskygasse im Bezirk
Landstraße) befand. Darin hatte dessen Besitzer Anton Matthias
Kottel im Keller ein Alchemisten-Labor eingerichtet.

Saint Germain hatte sich mit dem unternehmungslustigen
Baron Linden befreundet, der ihm den Buchhändler Rudolph
Gräffer vorstellte, welcher die Herren häufig einlud und ihnen
regelmäßig Mohnnudeln mit Honig servierte – und das nicht zu
knapp, denn ein jeder fraß ein Scheffel voll. Baron Linden sowie
ein paar andere Freunde Gräffers führten in dem geheimnisvollen Haus in der Rasumofskygasse so manches Experiment durch,
verarbeiteten dort ihre Ducaten, wie in alten Quellen geschrieben steht. Gräffer war es auch, der miterlebte, wie Saint Germain
denselben Brief, einmal mit der rechten und einmal mit der linken Hand, auf zwei Zettel schrieb. Legte man die beiden Papier-
stücke übereinander und hielt sie ins Licht, sah man, dass es sich
um identische Schriftzüge handelte. Als ob sie Eindrücke von
derselben Kupferplatte wären, so Gräffer.

Auf dem Grundstück, auf dem das finstere Haus des Rauch-
fangkehrers stand, wurde Anfang des 19. Jahrhunderts ein Palais
für Fürst Andrei Kirillowitsch Rasumofsky, Diplomat und Bot-
schafter des Zarenreichs, erbaut. Darin befand sich von 1849 bis
2005 interessanterweise die Geologische Bundesanstalt, in der –
so wie es davor die Alchemisten taten – auch so mancher Versuch
mit Rohstoffen durchgeführt wurde.

Weiters war der Graf von Saint Germain häufiger Gast im Palais des „Magnetiseurs" Franz Anton Mesmer in der Rasumofs-

kygasse 29 sowie bei Fürst Ferdinand Philipp von Lobkowitz am Lobkowitzplatz 2. Auch in diesen Häusern sollen im Keller einige alchemistische Versuche durchgeführt worden sein.

Der mysteriöse Adelige verstarb 1784 und wurde in der deutschen Hafenstadt Eckernförde in der Kirche St. Nicolai bestattet. Der Grabstein des Abenteurers fiel später einer Sturmflut zum Opfer, bei der die Gebeine verschwanden. Es existieren allerdings verschiedenste Zeitdokumente, welche die Existenz Saint Germains bis über seinen Tod hinaus zu beweisen scheinen.

1785 wurde er beispielsweise auf Freimaurerkongressen in Wilhelmsbad und Paris gesehen. Etwa zur selben Zeit soll er Marie Antoinette vor den Folgen der Französischen Revolution gewarnt haben. In ihren Tagebüchern las man später, dass sie es bereute, nicht auf „den Hellseher St. Germain" gehört zu haben. Fünf Jahre nach seinem Tod besuchte er seine liebe Freundin Mademoiselle d'Adhémar, wie sie selbst erzählte. Er sagte ihr, sie würden einander noch fünf Mal vor ihrem Ableben treffen. Der Graf hielt sein Versprechen, wie die Französin 1821 ihrem Tagebuch anvertraute.

Mitte des 19. Jahrhunderts ließ Napoleon III., einer der Neffen Napoleon I. Bonapartes, ein umfangreiches Dossier über den Grafen – den er selbst kennengelernt hatte, wie er sagte – erstellen, das aber 1871 bei einem Brand im Pariser Rathaus vernichtet wurde. Aus dem Jahr 1897 existiert eine Autogrammkarte der berühmten französischen Sängerin Emma Calvé, die sie für den vermeintlichen Wiedergänger signierte – sinngemäß übersetzt lautet die Widmung: Für Saint Germain, den großen Chiromanten, der mir viele Wahrheiten gesagt hat.

In einem Vorgängerbau des heutigen Hauses Barbaragasse 1 wohnte bereits Ende des 17. Jahrhunderts der Alchemist Anton

Khünel, der sich als Schattenspieler sein Geld verdiente und die Schattenoper erfand. Der dünne, blasse Mann mit dem schwarzen Bart war den Wienern suspekt, zumal aus seinen Fenstern häufig seltsame Gerüche und verschiedenfarbige Dämpfe drangen.

Die Skepsis wandelte sich in Angst, als in Vollmondnächten auch noch ein rotes Licht hinter den Vorhängen schimmerte und Flüche zu hören waren. Schon bald wurde seine Bleibe Goldmacherhaus genannt. 1728 trat Khünel in seiner Funktion als Schattenmann sogar am Wiener Hof vor Karl VI. auf. Er starb 82-jährig inmitten seiner Apparaturen.

Ebenso in Wien zu Besuch war der Alchemist Sehfeld, der ursprünglich aus Oberösterreich stammte, sich mehrere Jahre im Ausland befand und 1745/46 in Rodaun (damals ein Badeort bei Wien) niederließ. Er gab vor, mithilfe eines mysteriösen roten Pulvers Blei oder Kupfer in Gold verwandeln zu können. Sein Vermieter, der Bademeister Ehrengott Friedrich, besorgte ihm verschiedene Tiere wie Schlangen, Kröten und Fledermäuse sowie diverse chemische Substanzen wie Salpeter, Phosphor und Schwefel, mit welchen Sehfeld sich nachts ans Werk machte.

Zur Absicherung seiner Geschäfte erwarb der Alchemist als vorgeblicher Farbenfabrikant einen Schutzbrief von Kaiser Franz I. Stephan, der ihm sein Laboratorium im Keller des Kaiserhauses in der Wallnerstraße 3 zur Verfügung stellte.

Als Sehfeld wegen seines „alchemistischen Treibens" auffiel, wurde er auf die Festung Temeswar gebracht (in Zeiten der Monarchie Verbannungsort für straffällig gewordene Bürger oder Leute, die man aus anderen Gründen abschieben wollte) und gefoltert, um mehr über seine Methoden zu erfahren.

Schließlich erreichte der Kaiser bei seiner Gattin Maria Theresia Sehfelds Freilassung, der daraufhin die Flucht ins Ausland antrat. Forschungen ergaben, dass der Wissenschaftler vermutlich der Konkurrenzangst des Arztes seiner Majestät, Gerard van Swieten, zum Opfer gefallen war, der sich selbst am Hof als Alchemist be-

UM 1745 LEBTE HIER DER ALCHEMIST SEHFELD DEM ES DER LEGENDE NACH GELANG
MITTELS EINES ROTER LÖWE GENANNTEN PULVERS UND MAGIE GOLD ZU MACHEN

Der Alchemist Sehfeld

tätigte – übrigens erfolglos. Kurz darauf verlor sich Sehfelds Spur, nachdem man ihn nach seiner überstürzten Abreise aus Wien noch in Amsterdam und Halle gesichtet hatte.

An der Stelle des Rodauer Badehauses steht heute eine Wohnhausanlage mit der Adresse Ketzergasse 478, an der eine Tafel an den Alchemisten erinnert.

Am Haus Ketzergasse 372 im Bezirk Liesing findet sich zudem eine stilisierte Darstellung des „Märtyrers der Alchemie" mit geheimen Sinnbildern (der rote Löwe als Bezeichnung für den Stein der Weisen und Synonym für eine Substanz zur Golderzeugung – im Gegensatz zum weißen Löwen, der dazu diente, Silber herzustellen –, das magische Siegel Salomons und das Winkeleisen als Freimaurersymbol).

Es wird vermutet, dass Sehfeld im Vorgängerbau des heutigen Gebäudes, abseits der Überwachung des Badehauses durch den Wiener Hof, ebenfalls Experimente durchführte.

Ein Alchemist, Mediziner und Philosoph, der schon in einem früheren Jahrhundert auf seinen Reisen in Wien Station gemacht hatte, war Paracelsus, und zwar um die Jahreswende 1537/38. Er soll im Haus *Zum Küssdenpfennig* (Griechengasse 3/Franz-Josefs-Kai 21) beim Wirt Wangler eingemietet gewesen sein und bei der Bezahlung einen Messingpfennig durch Berührung mit den Lippen in eine Goldmünze verwandelt haben. Allerdings wird ein Hanns Küssdenpfennig bereits 1411 als Eigentümer dieses Bauwerks erwähnt, womit klar ist, dass dessen Bezeichnung nichts mit Paracelsus zu tun hat. Dennoch erinnerte noch lange eine Inschriftentafel, die beim Neubau 1741 verschwand, an dieses Ereignis:

Der teure Theophrast, ein Alchemist vor allen,
Kam einst in dieses Haus und konnte nicht bezahlen

Die Zech, die er genoß. Er trauet seiner Kunst,
Mit welcher er gewann viel großer Herren Gunst.
Ein sicheres Gepräg von schlechtem Wert er nahm,
Erklärte es als Gold. Der Wirt von ihm bekam
Dies glänzende Metall. Er sagt: Nimm dieses hin;
Ich zahl' ein Mehreres, als ich dir schuldig bin.
Der Wirt ganz außer sich, bewundert solche Sach',
Den Pfennig küß' ich, zu Theophrast er sprach.
Von dieser Wundergeschicht, die in der Welt bekannt,
Den Namen führt dies Haus, zum Küßdenpfennig genannt.

Wie aus älteren Wiener Chroniken hervorgeht, wohnte Paracelsus auch im Roten Turm des Großen Federlhofs in der Rotenturmstraße 6/Lugeck 7, bei dem es sich um einen um 1360 errichteten Uhrturm handelte. In dem Vorgängerbau des heutigen Hauses war in jener Zeit der Metkeller *Zum süßen Löchl* einquartiert – vielleicht aus diesem Grund schrieb der Gelehrte über seine Zeit in Wien: *An guten Gesellen fehlt es nicht, mit denen ich an der Donau mein Geld vertummelte.* An den Naturmystiker erinnert ein Denkmal im Donaupark nördlich des Irissees, ebenso eine nach ihm benannte Gasse im Bezirk Landstraße.

Zur selben Zeit lebte in dem Turm des Großen Federlhofs auch Andreas Argoli, einer der astrologischen Berater Wallensteins, den der Alchemist womöglich häufiger besucht hat. Vielleicht hat er sogar dem Magier und Nekromanten Oporin seine Aufwartung gemacht, der zur selben Zeit hoch oben im Turm hauste.

In der „Rhapsodia vitae Theophrasti Paracelsi" aus den Anfängen des 17. Jahrhunderts, verfasst vom deutsch-dänischen Chemiker und Arzt Dr. Peter Payngk, wurde über den Aufenthalt von Paracelsus in der Residenzstadt berichtet. Es hieß darin, dass Vertreter der medizinischen Fakultät, die in jener Zeit über die Zulassung oder Ausschließung von Heilpersonen zu entscheiden hatten, den Mediziner in seiner Unterkunft aufsuchten.

Die Herren forderten den Gelehrten dabei auf, sich einer Disputation zu stellen, wenn er schon in Wien praktiziere. Er soll auf das Anliegen geantwortet haben, *er beweise seine kunst mit der thatt. Ehr sei ein alchimist, trag seine apotecken in der tasche. Sie sollen in 14 tagen oder dergleichen wiederkommen.* Als man den Besuch eine Woche später wiederholte, um ihn zu examinieren, wurde Paracelsus von dem Komitee im Schlaf überrascht und hätte *die federn noch im haar gehapt.* Er gab vor, sich anziehen zu wollen, und flüchtete, beauftragte zuvor aber noch den Wirten, den Herren auszurichten, *dz ehr ihnen gnug geantwortet hett.*

Paracelsus war laut Aufzeichnungen auch zwei Mal am Wiener Hof vorstellig und traf dort den späteren Kaiser Ferdinand I. Er erklärte dem Herrscher furchtlos, dass er nicht mit den Doktoren in Wien zu diskutieren gedachte, ihnen ihre alte Wissenschaft und ärztliche Kunst ließ und die seinige behielt.

Ferdinand I. glaubte jedenfalls an den Erfolg des Naturmystikers und schickte ihn nach Bayern, wo die Frau seines Großneffen Wilhelm IV. schwer krank geworden war. Auf der Reise nach Deutschland hatte Paracelsus mit seiner höfischen Leibgarde laut Payngk *in den besten Fürstenherbergen gesoffen,* ehe er bei der Patientin eintraf. Die Behandlung dauerte nur eine Nacht: Am Abend reichte Paracelsus der Herzogin einen Becher, in dem sich eine in Wein gelöste „Rubeum Phisicum" befand, und am Morgen war sie gesund.

Vor Mitte des 16. Jahrhunderts wurde in Wien ein Rezept zur Herstellung von „Goldsafran" niedergeschrieben, für das einige Zutaten *bey dem grünen Krantz auff dem Graben in Wien zu bekommen seien.* Es ist damit das Haus *Zum grünen Kranz* mit der heutigen Nr. 10 gemeint, bei dem Verfasser des Textes handelte es sich vermutlich um Paracelsus.

In den Jahren 1612 und 1613 hielt sich Dr. Johann Agricola, der „Arztalchemist" in Wien auf. Nach eigenen Angaben schaute er mehrfach Kollegen über die Schulter und beobachtete sie beim „Laborieren". Agricola berichtete außerdem davon, er hätte in Wien einem Alchemisten ein Rezept *communiciert*, der damit *Cronengold zuwege brachte*. Es gebe aber mehr Dilettanten, beschwerte sich der Gelehrte aus Deutschland, und es sei ein solches „Affenspiel" und die „Halunken sudeln und brodeln zu sehen, ekle ihn". Einer von ihnen hätte versucht, Gold und Silber zu transmutieren, und heraus kam nicht viel mehr als „ein großer Dunst".

Im Jahr 1613 praktizierte Agricola in Wien, als „die hitzigen Fieber grassierten", und unternahm Visiten nach Mödling, Baden, Eisenstadt, Korneuburg etc., wo er Kranke kurierte und einige Leben rettete, u.a. mit dem „Magister Agricolen Blatternpulver".

Im Jahr 1656 betrieb Erzherzog Leopold Wilhelm, der Bruder von Kaiser Ferdinand III., ein eigenes Alchemisten-Laboratorium „oberhalb des Ballhauses" in der Hofburg, das laut Finanzprotokollen aus jener Zeit „immense Kosten" verursachte. Nach dem Tod des Habsburgers hat man die verschlossene Kammer öffnen lassen und daraus ein *quantitet aus allerhand Distillier Gläsern* sowie allerlei Schriften entnommen.

Der deutsche Alchemist Johannes Mondschneider, der sich de Monte Snyders nannte, befand sich 1660 in Wien und soll in der Hofburg vor den Augen Kaiser Leopolds I. Blei in Gold verwandelt haben.

Im Jahr 1672 kam Johann Wenzel Seiler in die Residenzstadt und avancierte innerhalb kurzer Zeit zum „Kayserlichen Hoff Chymicus". Bei dem Mann handelte es sich um einen aus Brünn geflohenen Augustinermönch, der dort in seinem Kloster eingekerkert gewesen war, nachdem man ihn in seiner Zelle mit einer Hure erwischt hatte. Vom Kämmerer Franz Ernst von Paar, der sich für Spiritismus interessierte, war Leopold I. über die angeblichen alchemistischen Fähigkeiten des Gottesmannes in Kenntnis gesetzt worden und gestattete Seiler den einen oder anderen Transmutationsversuch. *[…] aber ists gar gewiß daß der fr. Wenzl die feinsten proben des Kaisers gemacht habe, woher er aber diese großt wissen gehabt habe …weiß ich nicht,* hieß es in dem Brief eines Spions namens A. W. Aufinger, den er an den Prälaten des Brünner Klosters schrieb. In derselben Nachricht wurde der Name des Grafen Frantz Augustin von Wallenstein erwähnt, der eine aus transmutiertem Gold von Seiler hergestellte Kette um den Hals getragen haben soll.

Trotz seiner vermeintlichen Erfolge fürchtete der aus Brünn entlaufene Mönch schon zu diesem Zeitpunkt um sein Leben. A. W. Aufinger kommentierte dies mit den Worten: *So weiß ich nit was auß dieser Sach wird werden […] man hat ihnen interim alte habit gegeben, und des deifels goltmacher haben kein golt im Peitl zum erkaufen eines neuen habits.*

Graf Paar war in der Zwischenzeit schwer erkrankt und stahl dem Alchemisten während eines Experiments eine Tinktur, von der er sich Heilung erhoffte. Der Aristokrat verstarb allerdings ein paar Tage später, woraufhin Johann Wenzel Seiler der Obsorge des Grafen von Wallenstein anvertraut wurde. Zugleich stellte ihm der Kaiser das Laboratorium von Erzherzog Leopold Wilhelm in der Hofburg zur Verfügung.

In der Folge stieg das Ansehen des Alchemisten in Wien, der sich daraufhin mit festem Wohnsitz auf der Wasserkunstbastei (Schellinggasse 13, Mahlerstraße 9–15) niederließ, wo er 1674 auch ein neues Laboratorium errichtete. Seiler, der 1676 mit dem Prädikat Ritter von Reinburg in den böhmischen Ritterstand erhoben worden war, starb 1681 im Alter von nur 33 Jahren in seinem Quartier auf der Wasserkunstbastei an „zährendem Fieber und kaltem Darmbrand".

Leopold I. schenkte aber auch noch einem anderen Alchemisten Vertrauen. Johann Joachim Becher schuf für den Kaiser ein goldenes Medaillon, das er angeblich mithilfe einer geheimnisvollen Tinktur aus wertlosem Metall hergestellt hatte. Das Schmuckstück wiegt 2055 Dukaten, zeigt den Herrscher mit seiner Ehefrau Eleonore und vierzig früheren Herrschern und ist im Kunsthistorischen Museum ausgestellt.

Eine weitere Spur der alten naturphilosophischen Lehre führt in die Stammersdorfer Straße 44 im Bezirk Floridsdorf. Dort findet sich auf dem Dach des Hauses das magische Hexagramm – der „Brauerstern" als Zunftsymbol der Bierbrauer, das den alchemistischen Prozess des Brauens unter Verwendung der vier Elemente (Erde, aus der Gerste und Hopfen wachsen, Wasser und Feuer sowie Luft, die für den Gärvorgang steht) symbolisiert. Das Wappen mit dem Hexagramm ist heute noch im großen Sitzungssaal des Wiener Rathauses zu sehen. Auf den Dächern ehemaliger Bierbrauerfamilien oder Gaststätten ist das Symbol mittlerweile allerdings größtenteils verschwunden.

Ende des 18. Jahrhunderts wurde die Alchemie in Wien langsam von der modernen Chemie abgelöst. Diese Entwicklung ging allerdings auch mit dem Verlust der Spiritualität und der Miteinbeziehung anderer Weisheiten wie Zahlenmystik und Astrologie einher.

Im 20. Jahrhundert gab es Bestrebungen, die alten alchemistischen Lehren wiederzubeleben, auch wenn es sich bei den vermeintlichen Erfolgen um Betrug handelte. Um 1925 behauptete beispielsweise der Chemiker Franz Tausend, durch Transmutation Gold herstellen zu können. Gemeinsam mit dem Hitler-Gönner General Erich Ludendorff, der ein großes Geschäft witterte, gründete er die „Gesellschaft 164". Gutgläubige Anleger investierten rund 400.000 Mark in das Talent des „modernen Alchemisten", die in Windeseile in die Kassa der NSDAP flossen. Als das Experiment nicht gelang, legte Ludendorff 1926 sein Amt nieder, der Wissenschaftler Tausend wurde wegen Betrugsverdachts verhaftet und 1931 zu vier Jahren Gefängnis verurteilt.

Abnorme Menschen, Vampirjäger und Giftküchen

Die medizinische Lehre nahm in Wien bereits vor über 600 Jahren ihre Anfänge. Die erste Fakultät, die Alma Mater Rudolphina, entstand 1365 und war damals eine im ganzen Land anerkannte Instanz für Gesundheitsfragen. Behandelt wurden die Patienten in jener Zeit unter anderem mit Diäten, Brechmitteln, Aderlässen und Klistieren (= Darmspülungen), damit die vier Grundsäfte des Menschen – Blut, Schleim sowie gelbe und schwarze Galle – im Gleichgewicht blieben.

Internationale Bedeutung erlangte die Medizin erstmals im 18. Jahrhundert, als Maria Theresia den Holländer Gerard von Swieten nach Wien holte, der die Medizinische Schule gründete, die erste „moderne" Klinik der Stadt.

Mit der Eröffnung des k. k. Allgemeinen Krankenhauses am Alsergrund im Jahr 1784 unter Joseph II. erhielten nicht nur die Patienten eine innovative Anlaufstelle für körperliche Beschwerden aller Art, sondern auch die Doktoren eine neue Wirkungsstätte, die sich schon bald zu einem wichtigen Forschungszentrum entwickelte. In der Folge wurden die Spezialisierungen vorangetrieben – die ersten Haut-, Augen- und HNO-Kliniken der Welt entstanden, geleitet von Koryphäen auf ihrem Fachgebiet, die in der Kaiserstadt lehrten und forschten.

Natürlich fand auch in der Medizin die Methode „trial and error" Anwendung und so kam es im Laufe der Geschichte zu etlichen Fehlversuchen und missglückten Experimenten, sowohl bei der mechanischen Behandlung als auch bei der Medikation.

Eine wichtige Dokumentationsstelle dafür befindet sich im ehemaligen Josephinum, das als *k. k. medizinisch-chirurgische Josephs-Academie* ebenfalls 1784 unter Joseph II. errichtet wurde und bei dem es sich um eine Einrichtung zur Ausbildung von Ärzten und Wundärzten für die Armee handelte. Heute ist in dem Gebäude in der Währinger Straße 25 das Institut für Geschichte der Medizin unterbracht.

Eine andere bedeutende Sammlung stellt das Pathologisch-Anatomische Bundesmuseum der Stadt Wien dar. Es befindet sich im Narrenturm, der im selben Jahr wie das Alte AKH und das Josephinum errichtet wurde und von der medizinischen Forschung in früheren Jahrhunderten zeugt. Die dort ausgestellten Exponate einer der weltweit bedeutendsten Sammlungen ihrer Art gliedern sich in Feuchtpräparate, Trocken- oder Mazerationspräparate (hauptsächlich Knochen), Moulagen (Wachs- und Paraffinabdrücke von kranken Körperteilen) und unzählige Anthologien von Sektionsprotokollen.

Einige Ausstellungsstücke wurden bei Obduktionen und Operationen gewonnen. Bei den Feuchtpräparaten handelt es sich um pathologisch veränderte menschliche und tierische Leichenteile, die in Formaldehyd konserviert sind. Die Knochenkollektion enthält unter anderem über 200 komplette Skelette mit krankhaften Veränderungen. Darüber hinaus werden Geräte gezeigt, die frühere Behandlungsmethoden veranschaulichen. Viele der dokumentierten Krankheitsbilder treten in Mitteleuropa schon seit langer Zeit nicht mehr auf, weshalb die Schauobjekte auch für wissenschaftliche Studien genutzt werden.

Was heute Forschungszwecken dient, etablierte sich – einem Trend aus dem fernen Ausland folgend – im Wien des 19. Jahrhunderts als „Freakshow". Man vertrat damals die Ansicht, Missgebildete, Entstellte und Abnorme würden eine mystische Aura besitzen und zudem über besondere Kräfte verfügen, etwa in die Zukunft sehen oder ihr Gegenüber von seelischem Leid und körperlichen Gebrechen befreien zu können.

Schon bald fanden sich Geschäftsleute, die den Wünschen der Bürger nach einer Möglichkeit, ihre Schaulust zu befriedigen, entsprachen. Wie fahrende Händler zogen sie durch die Straßen Wiens und präsentierten ihre „Ware", die sie zuvor aus den entlegensten Teilen der Habsburgermonarchie geholt hatten: Haarmenschen, Fettleibige, siamesische Zwillinge und Personen mit fehlenden Gliedmaßen.

Erweitert wurde das Angebot durch das Kuriositätenkabinett und Anatomische Museum von Hermann Präuscher, das 1871 im Wurstelprater seine Pforten öffnete. Das Kapital dafür hatte der Raubtierbändiger und Sohn eines Schaustellerehepaars, der von zu Hause ausgerissen und mit einem Zirkus durch Europa gereist war, laut Artistenlegende in Paris bei einer Wette gewonnen.

„Präuschers Panopticum" befand sich in der Ausstellungsstraße, Hütte 140 (heute Areal der Grünanlage Praterstern – Lassallestraße – Venedigerau – Ausstellungsstraße), vor dem als Blick

fang ein ausgestopfter Gorilla ein weißes Mädchen aus Wachs an sich riss. In dem Schaubudenpalast gab es „originelle" Lebewesen, krankhaft veränderte Körperteile, abgetrennte Arme und Beine, Wachsfiguren und Foltergeräte zu sehen. Des Dompteurs ganzer Stolz waren die ausgestopfte Bartdame Julia Pastrana, von ihrem russischen Ehemann für 320 Taler an den Panoptikum-Betreiber im Jahr vermietet, außerdem die Schuhe des isländischen Riesen Jóhann K. Pétursson sowie der Koffer des Raubmörders Johann Szimitz, in dem sich die Leiche seines Opfers befunden und neben dem der Verbrecher sechs Wochen lang geschlafen hatte.

Präuscher war gut darin, Praterbesucher neugierig zu machen und sein abgehärtetes Publikum bei Laune zu halten, wie ein Ar tikel des *Neuen Wiener Tagblatts* vom 29. April 1872 zeigt: *Die größte Sehenswürdigkeit desselben wird jedoch nicht für Geld gezeigt, und diese ist der Herr selbst, der bekannte ehemalige Löwenbändiger Hermann. Er dürfte den Wienern bekannt sein, aber was nicht jeder weiß, ist eine eigentümliche, ihn jetzt beherrschende Marotte. Hermann kauft mit einer unbegreiflichen Leidenschaft Menschenhäute noch lebender Personen. Der gewöhnliche Preis ist zehn Gulden, doch soll er für eine besonders gute Haut sogar hundert Gulden gezahlt haben. Zehn Perzent des Kaufpreises werden sofort erlegt und noch soforter vertrunken, und das scheint die Hauptsache zu sein.*

Der Raubtierbändiger rechtfertigte die Faszination an den teilweise doch sehr skurrilen Objekten und die Zurschaustellung derselben mit einer „Erkenntnis", die der zu der Zeit noch junge Sigmund Freud erst später haben sollte: Die Auseinandersetzung mit dem Andersartigen bestätigt einerseits die eigene Normalität und fördert gleichzeitig die Wiederbegegnung mit dem eigenen Verdrängten. „Präuschers Panopticum", das als volksbildende Institution galt, wurde nach dem Tod des Besitzers 1896 von seinen Erben weitergeführt, brannte 1945 jedoch vollständig aus. Beerdigt ist der Kuriositätenkabinett-Betreiber am evangelischen Friedhof Matzleinsdorf.

Ein Stammgast der Ausstellung im Wurstelprater war Elisabeth von Österreich-Ungarn, die sich – natürlich unter Ausschluss der Öffentlichkeit – in den Schauräumen am Betrachten und Studieren „abnormaler Bürger" sowie missgebildeter oder anders verunstalteter Personen erfreute. Sisi befand sich stets auf der Nachschau von „frischem kranken Menschenmaterial" – eine Leidenschaft, die sie mit ihrem Sohn, Kronprinz Rudolf, teilte.

Auch auf Jahrmärkten, im Zirkus oder Varieté stellten „Freakshows" kassenträchtige Volksbelustigungen dar.

Um die in der Vergangenheit zur Schau gestellten Personen zu entmystifizieren und die „Schablone von Vorurteilen von ihnen zu lösen", gaben der „Gentleman-Jongleur", Schausteller und

Kuriositätensammler Felix Adanos und der Filmemacher Hans Scheugl in den 1970er-Jahren das Buch „Show Freaks & Monster" heraus. Es handelt sich dabei um eine Art „Kulturgeschichte der Abnormitäten", die dazu beitragen sollte, dass die Betreffenden nicht in Vergessenheit gerieten.

Dargestellt werden unter anderem der „Koloss-Freak" (Elvira, das schwerste Mädchen, das je gelebt hat), die „puppige holländische Prinzessin" (Pauline, die nur 43 Zentimeter groß war und dreieinhalb Kilo wog), der „Gummihautmensch" (Peter, der sich mühelos seine Halshaut über das Gesicht ziehen konnte) und die „lebende Büste" (Lilli, die ohne Unterleib auf die Welt kam).

Außerdem wird darin von einem Schweizer Kleinwüchsigen berichtet, der sich aus Angst, unentgeltlich gesehen zu werden, von seinem Diener in einem Schrank transportieren ließ. Diese Marotte wurde Hans Worienberg zum Verhängnis: Beim Sturz von einem Schiff ertrank der „Däumling" in seinem Behältnis.

Doch auch Gerard van Swieten, der Mediziner im Dienste der Majestät Maria Theresia, war über 100 Jahre zuvor nicht vor der Konfrontation mit dem Unglaublichen und Unerklärlichen gefeit.

Schon 1725 erreichten die ersten Berichte aus den österreichischen Kronländern über Vorfälle mit Vampiren, die nachts aus den Gräbern stiegen und den Menschen Blut aussaugten, den Wiener Hof. Bei der Untersuchung eines verdächtigen Toten stellte man fest, dass die Körper nicht verwest und Haare, Bart und Nägel weitergewachsen waren. Ein Geistlicher hatte nach einer Exhumierung notiert: *In seinem Mund hab nicht ohne Erstaunen einiges frisches Blut erblickt, welches, der gemeinen Aussag nach, er von denen, durch ihme umgebracht, gesogen.*

Die ängstlichen Bewohner der betroffenen Regionen ergriffen Gegenmaßnahmen, schlugen die Köpfe der „Vampire" ab, legten sie zwischen die Beine der Leichen, fixierten die Hände mit Steinen und durchbohrten ihre Herzen mit Holzpflöcken.

An der Südostgrenze des Habsburgerreiches kam es im Herbst 1731 zu einer Häufung unklarer Todesfälle, die der militärische Seuchenarzt Dr. Glaser untersuchte und vom Blutaussaugen sowohl in Bezug auf Menschen als auch auf Schafe berichtete, wobei er davon ausging, dass man auch nach dem Verzehr „vampyrter Tiere" erkranken konnte. Der Mediziner gelangte jedoch zu keinem eindeutigen Ergebnis und die Angst der Menschen wuchs weiter. *Man meint, dass Untote, die schmatzend in ihren Gräbern liegen, Unglück verursachen. Die Bevölkerung versammelt sich bei Nacht und pfählt die exhumierten Leichen. Sie legen Steine auf die Zunge, damit das Schmatzen aufhöre ...* äußerte der deutsche Geistliche Michale Ranft 1734 in einem Traktat über *die wahre Beschaffenheit derer Hungarischen Vampirs und Blut-Sauger.*

Als Maria Theresia in Wien von all den Vorfällen erfuhr, beauftragte sie ihren Leibarzt, die eigenartigen Vorkommnisse fern der Heimat zu untersuchen. Die österreichische Bevölkerung befand sich zu jenem Zeitpunkt bereits in heller Aufregung, befürchtete man doch eine nahende Invasion der Untoten, die sich zu einer Plage auswachsen könnte.

So reiste Gerard van Swieten 1755 nach Tschechien, um die Angelegenheit persönlich in Augenschein zu nehmen. Der Naturwissenschaftler vermutete zwar bereits, kein mystisches Phänomen vorzufinden, fürchtete sich jedoch vor dem hysterischen Mob. Vor Ort wurde dem gebildeten Mann rasch klar, dass es sich bei den „Vampiren" keineswegs um blutdurstige Wiedergänger handelte, sondern dass bei einigen Verstorbenen die Verwesung aufgrund von Sauerstoffmangel und Gärungsprozessen langsamer voranschritt. Die dabei entstandenen chemischen Reaktionen hatten dazu geführt, dass sich die Leichen aufblähten und unter Umständen sogar aufrichteten, gegebenenfalls sogar Körperflüssigkeiten aus den Gesichtsöffnungen traten.

Nachdem der umsichtige Arzt die panischen Einwohner der betroffenen Gebiete beruhigt und anschließend Meldung an den Wiener Hof erstattet hatte, verbot Maria Theresia umgehend sämtliche Anti-Vampir-Maßnahmen auf den Friedhöfen im In- und Ausland: „Dem Volk wird vorgeschrieben, die Gräber zu verschonen und der Totenschändung ein Ende zu setzen!"

Van Swieten verfasste im Jahr 1768 das Werk „Vampyrismus" *als ein Anhang der Abhandlung des Daseyns der Gespenster,* in dem er die Existenz der mystischen Wesen einräumte: *Der Aberglauben vom Vampyrismus wird lateinisch Magia Posthuma, oder Zauberey der Abgestorbenen, genennet. Die Vampyren aber sind verstorbene Menschen, welche zuweilen später, zuweilen eher aus dem Grabe aufstehen, den Menschen erscheinen, das Blut aussaugen, an die Hausthüren ungestümm anklopfen, Getöse im Hause erwecken, und öfters gar den Tod verursachen sollen.*

Allerdings hielt er fest, dass nicht jeder gut erhaltene Körper unbedingt ein Untoter sein musste, wenn es beispielsweise zu keinerlei unerklärlichen Vorkommnissen in der Umgebung käme. Insbesondere den Fall eines perfekt erhaltenen Engländers führte er ins Feld: *Durch das Pfarrprotocoll wurde erwiesen, daß seit dem Jahre 1669. kein Mensch in diese Begräbniß gebracht worden. Hier haben wir also einen englischen Vampyre, welcher über 80. Jahre in seinem Grabe ruhig geblieben ist, und keinen Menschen belästiget hat.*

Gerard van Swieten kann also trotz seines Berufs als Mediziner und seiner Leidenschaft für die Naturwissenschaft durchaus als Geisterjäger bezeichnet werden. Vielleicht diente er aus genau diesem Grund Jahrhunderte später Bram Stoker als Vorbild für den Vampirjäger Van Helsing in „Dracula" (rumänisches Wort für „Sohn des Teufels").

Ab dem 14. Jahrhundert stellten Apotheken (als österreichweit erste ihrer Art gilt die Alte Feldapotheke am Stephansplatz 8A) gemeinsam mit den medizinischen Einrichtungen einen wesentlichen Bestandteil des urbanen Gesundheitswesens in Wien dar. Was bis zu diesem Zeitpunkt die Ärzte erledigt hatten, mussten diese nun den Vertretern eines neuen, selbstständigen Berufsstandes überlassen, etwa die Herstellung von Arzneimitteln, deren sachgemäße Aufbereitung und Lagerung sowie die Abgabe an die Kranken. Da die Wirkung einiger Substanzen manchmal auch zum Nachteil der Patienten ausfiel, trugen Apotheken in jener Zeit auch die Bezeichnung „Giftküche".

Pharmazeuten zählten von Anfang an zum Patriziat und genossen hohe Achtung in der Bevölkerung. Obwohl die gelehrten Männer viele Bücher besaßen und ein umfangreiches Wissen über Kräuter vorweisen konnten, umgab sie dennoch eine Aura des Unerklärlichen. Allerdings handelte es sich bei Apotheken früher auch noch um geheimnisvolle Orte, an denen mit Tinkturen und Elixieren rätselhaften Ursprungs mit eigenartig anmutenden Gerätschaften zweifelhafte Präparate hergestellt wurden. Hinzu kam, dass die Döschen und Fläschchen Etiketten in lateinischer Sprache – zu jener Zeit für das gewöhnliche Volk nicht zu verstehen – trugen, was deren Inhalt noch suspekter machte.

Allerdings bemühten sich die Apotheker selbst auch nicht gerade um Aufklärung und Transparenz – ganz im Gegenteil, sie genossen den Hauch der Mystik, der sie umwehte, und pflegten ihren ambivalenten Ruf. Sie versuchten, ihren Labors etwas Wunderliches zu verleihen, umgaben sich mit kuriosen Naturalien und dämonisch wirkenden Gegenständen. So fand man in diesen pharmazeutischen Werkstätten, die zunächst für Kunden noch unzugänglich waren, beispielsweise getrocknete Krokodilbeine, Krebsaugen oder Bibergeil (von dem Tier in zwei etwa hühnereigroßen Drüsensäcken produziertes Sekret), wobei Letzteres gegen Fieber, Kopfschmerzen und Epilepsie eingesetzt wurde.

Darüber hinaus wurden Teile von Mumien, die man im Mörser zu Pulver zerstieß, an Patienten verabreicht, oder auch der Schweiß von Toten, der als wirksames Mittel gegen „böse Gewächse" galt.

Die Bilder auf den vielen Tiegeln, aus welchen eine Messerspitze da oder ein paar Gramm dort entnommen wurden, ließen als Inhalt magische Drogen vermuten, welche die Patienten wie durch Zauberhand von ihren Leiden befreien sollten. Zwischen den Ingredienzien für die Arzneimittelherstellung befanden sich Gläser, gefüllt mit Formaldehyd, in denen undefinierbare Präparate schwammen. In den Holzregalen standen in Reih und Glied Zinnbüchsen zur Aufbewahrung der Rohstoffe, Siebe und Mörser aus Eisen oder Bronze und natürlich Apothekerwaagen samt Gewichten, die genaue Dosierungen möglich machten.

Zu den Nebenräumen gehörten der Kräuterboden, die Materialkammer zur Aufbewahrung größerer Vorräte und ein Laboratorium mit einem Herd, einem Destillierapparat und Tinkturpressen. Auf einem Tisch in der Mitte des Raums maß, wog und zerkleinerte der Apotheker die für ein Arzneimittel notwendigen Inhaltsstoffe und bereitete dieses anschließend nach einer Rezeptur zu, die er in einem seiner dicken Wälzer nachlas.

Bedeutende Erkenntnisse der Pharmazie stammen aus der Alchemie, die sich innovativer Apparaturen und Prozesse bediente, um hochwertige Elixiere zu brauen. Auf den alten mystischen Forschungen und Experimenten basieren bis heute viele Heilmittel. Kaiser Ferdinand I. legte 1564 die Anzahl der in Wien erlaubten Apotheken auf zehn fest, die sich hauptsächlich im Bereich Graben – Rossmarkt – Stephansplatz – Rotenturmstraße befanden, weshalb das Volk die Region bald „Apothekerviertel" nannte.

Erst rund 200 Jahre später wurde es jedem „ordentlichen gelernten und examinierten Pharmazeuten" nach Überprüfung durch die medizinische Fakultät erlaubt, eine Apotheke zu führen.

Historische Apotheke der Elisabethinen

In Wien existieren noch drei original barocke „Giftküchen" aus der Zeit Maria Theresias, die allerdings nur auf Anfrage zugänglich sind. Eine davon befindet sich im Gebäude der Elisabethinen in der Landstraßer Hauptstraße 4a im Bezirk Landstraße, die mit ihrer unveränderten Einrichtung aus dem Jahr 1749 beeindruckt. Es finden sich hohe Deckengewölbe mit wunderschönen Gemälden, die verschiedenste Figuren und medizinische Utensilien zeigen, außerdem ungeahnte Schätze wie Straußeneier, Narwalzähne und vieles mehr. Im Zentrum der Räumlichkeiten steht der riesige Ladentisch mit Apothekerwaage, in den Arzneischränken duftet es aus verschiedensten Holz-, Zinn- und Keramikgefäßen nach Mittelchen und Kräutern, die dort seit Jahrhunderten lagern. In der Materialkammer sieht man an der Decke die vier Kontinente (Europa, Asien, Afrika, Amerika), aus denen die Medikamente stammen, sowie die mythologische Gestalt Europa, die mit Mörser und Arzneiflaschen hantiert.

Um 1800 erfolgte mit dem neuen Geist der Wissenschaft ein radikaler Umbruch in Richtung Pharmazie, wie man sie heute kennt. Im Zuge dessen veränderte sich auch das Erscheinungsbild der Apotheken – die Kuriositäten wurden aus den Räumlichkeiten verbannt, die Zinnbüchsen durch zweckmäßige Gefäße aus Glas und Porzellan ersetzt. Die mystischen Stuben mit einer unübersichtlichen Anordnung an verschiedensten Behältnissen verwandelten sich in helle Verkaufsräume mit offenen Arzneischränken und Regalen.

Die Laden und Regale in den Apotheken waren prall gefüllt, allerdings nicht nur mit harmlosen Teemischungen, Kräutertinkturen und Gewürzpastillen, sondern auch mit gefährlichen und häufig tödlich wirkenden Substanzen und Rauschmitteln, die in den Hinterzimmern hergestellt wurden. Sie waren anschließend in einem „Giftschrank" unter Verschluss zu halten und mit einem Totenkopf-Etikett zu kennzeichnen. Die Einstufung hat sich im Laufe der Zeit natürlich häufig geändert – so befand man etwa Koffein lange Zeit für toxisch. Umgekehrt hat man früher allerlei Substanzen für harmloser gehalten, als sie sich im Laufe der Zeit erwiesen.

Bis ins 20. Jahrhundert hinein konsumierten die Menschen verschiedenste schädliche Stoffe in allen möglichen Darreichungsformen und Dosierungen. Die „mystischen Vergiftungskuren" wurden von den Ärzten legal verschrieben und nach Vorlage eines Rezepts von den Apothekern ausgehändigt.

Besonders beliebt war Quecksilber, das dem menschlichen Organismus schwere Schäden zufügen kann. In früheren Zeiten jedoch schrieb man dem Schwermetall mystische Eigenschaften zu, die den Körper reinigten, und nahm es vorwiegend als silbrig schimmernde Flüssigkeit zu sich. Manche Ärzte rieten ihren Patienten, sich im Fall von Syphilis am ganzen Körper mit Quecksilber einzureiben, um die Infektion abzutöten. Wahlweise existierten auch Pillen zum Schlucken oder man atmete die Dämpfe ein, die beim Erhitzen entstanden. Die Folgen waren Erbrechen, übermäßiger Speichelfluss und starker Durchfall.

Da dieses Mittel auch bei Säuglingen angewandt wurde, deren Eltern damit Schmerzen beim Zahnen behandeln wollten, litten viele kleine Kindern in jener Zeit an der „Rosakrankheit". Diese war mit Juckreiz, Ekzemen und Empfindungsschmerzen verbunden und löste im schlimmsten Fall schwere Schäden des Nervensystems aus.

Ebenfalls zum vermeintlich raschen Ausscheiden von Viren und Bakterien verwendet wurde das giftige Antimon, das man bereits in der Antike gegen Augengeschwüre und Augenpusteln angewandt hatte und woran viele Menschen starben. Dass der Tod nicht von der Krankheit, sondern von der Medizin verursacht worden war, stellte man erst im späten 19. Jahrhundert fest.

Im 16. Jahrhundert wurde das Halbmetall jedoch geradezu verehrt, und als „Leitarzneimittel" auch von Männern wie Paracelsus, der ihm den Namen „Spießglanzkönig" gab, wärmstens zur Heilung empfohlen.

Besonders gefragt waren Quecksilber- und Antimonkügelchen, die man dem Stuhl wieder entnehmen und erneut verwenden konnte. Häufig wurden diese sogar als Familienerbstücke von Generation zu Generation weitergereicht. Darüber hinaus existierten bis zum 19. Jahrhundert kunstvoll gefertigte Antimonbecher, die als Brechnäpfe fungierten. Sie wurden mit Wein gefüllt, woraufhin das Halbmetall mit der Säure nach einigen Tagen den Brechweinstein bildete, der im ungünstigsten Fall zum Tod führen konnte.

Ein weiteres Halbmetall, das als Heilmittel bei verschiedensten Erkrankungen angewandt wurde, war Arsen. In seiner pulvrigen Form diente die geruch- und geschmacklose Substanz schon früh vor allem in Adelskreisen zur Beseitigung unliebsamer Widersacher. So soll beispielsweise der römische Kaiser Nero im Jahr 55 n. Chr. seinen Stiefbruder Britannicus mit Arsen vergiftet und auf diese Weise sein Erbe gesichert haben, weshalb das Halbmetall auch unter dem Namen „Erbschaftspulver" bekannt ist. Obwohl man die gefährlichen Eigenschaften dieser Substanz kannte, behandelte man damit ab dem Mittelalter unter anderem Fieber, Asthma und Rheuma.

Im 18. und 19. Jahrhundert wurde das Gift in kleinen Mengen außerdem als Schönheitsmittel verwendet. Edle Damen tranken ein Tonikum aus Arsen und Essig, um ihrem Teint eine vornehme Blässe zu verleihen. Männer verwendeten das Halbmetall zur Stimulanz und Steigerung der Ausdauer, nahmen dafür ganze Stücke in den Mund und lutschten daran oder streuten es fein gemahlen auf ein Jausenbrot.

Neben Giften wurden den Menschen damals von Medizinern und Pharmazeuten aber auch stärkere Drogen zur Behandlung von gesundheitlichen Problemen verabreicht. Manche dienten sogar der Lebensrettung – so wurde etwa im 18. Jahrhundert Opfern von Badeunfällen Tabakrauch zur Wiederbelebung rektal eingeblasen. Opium hat man bei Schlafstörungen verschrieben, Morphium bei Schmerzen eingesetzt und Kokain für lokale Anästhesien und im Kampf gegen Depressionen verwendet. Und Heroin sollte bei Atemwegserkrankungen helfen sowie Krebs heilen. Richtig dosiert, erzielte man mit dieser Behandlung sogar kurz- und mittelfristige Erfolge, auch wenn sie zur Sucht führte. Das Mittel diente allerdings ebenso – und jetzt wird es kurios – der Bekämpfung einer Drogenabhängigkeit.

Bekannt waren die Effekte der Rauschmittel schon Jahrhunderte davor, doch erst im 19. Jahrhundert war es Chemikern gelungen, die Wirkstoffe aus den Pflanzen zu extrahieren und damit die Produktion zu industrialisieren.

Schon bald befand sich Opium in fast jedem Haushalt im Gurgelwasser, Morphium und Kokain in Hautcremes und Heroinzäpfchen in der Hausapotheke.

Auch schon Kinder bekamen in jener Zeit diese Mittel verschrieben, beispielsweise in Form von Kokainbonbons.

Natürlich wurde für die kostspieligen Präparate auch kräftig Reklame gemacht und die Menschen mit großen Inseraten in Tageszeitungen und bunten Plakaten überzeugt. Eltern, die ihren Kindern das Radfahren beibrachten oder ihnen abends am Bett ein Märchen vorlasen – die familiäre Idylle als Werbemotiv funktionierte. Es wurde suggeriert, dass es bei Einnahme diverser drogenbasierter Arzneien der ganzen Familie gut ging – was in der Realität aufgrund der berauschenden Wirkung sogar stimmte. Kurzfristig zumindest.

Ende des 19. Jahrhunderts war nach ständig steigenden Preisen für den Durchschnittsbürger nur noch Laudanum erschwinglich, eine frei erhältliche Mixtur aus Opium und Alkohol. Als sich einige melancholische Künstler mit dieser Substanz um-

brachten, führte das kurzfristig zur Verherrlichung von Laudanum, das Ärzte ebenfalls als Medikament einsetzten.

Auch die Habsburger konsumierten regelmäßig Rauschmittel,
um ihre gesundheitlichen Probleme zu bekämpfen. Maria Theresia beispielsweise rauchte hinter den verschlossenen Türen ihres
„Oval Office" regelmäßig „türkische Zigaretten", die ihr von ihrem Leibarzt Gerard van Swieten verschrieben wurden. Dabei
handelte es sich um nichts anderes als um Joints. Die im höheren
Alter unter ihrer Leibesfülle und den damit verbundenen Gebrechen leidende 16-fache Mutter konsumierte das Haschisch zur
Schmerzlinderung.

Sisi bekam Kokain gegen ihre Depressionen verschrieben, wie
aus den Rezeptbüchern des Wiener Hofes hervorgeht. Ihr Sohn,
Kronprinz Rudolf, nahm Morphium, um seine syphilitischen
Schmerzen zu betäuben. Dazu trank er gegen seine Erschöp-
fungszustände Unmengen von Alkohol – sein Lieblingsgetränk
war ein Gemisch aus Champagner und Cognac. Auch Erzherzog
Franz Ferdinand bekam nach seiner überstandenen Tuberkulose
Heroin, Opium und Kokain verschrieben.

Natürlich gab es in jener Zeit nicht nur unter den Ärzten, sondern auch unter den Apothekern jede Menge „Quacksalber" und
„Medikaster". Diese wurden jedoch beim geringsten Anzeichen
auf Betrug oder Unfähigkeit sofort unter Beobachtung der „Me-
dicinalpolizei" gestellt und bei Erhärtung des Verdachts aus dem
Verkehr gezogen.

Hexen, Zauberer und Verwünschungen

Der Begriff „Hexe" leitet sich vom althochdeutschen Begriff „hagazussa" ab, was frei übersetzt werden kann mit „Person an der Grenze" oder „Zaunreiterin" („hag" = Zaun, Hecke, Begrenzung; zussa = „sitzen"). Als Waldpriesterin mit einem umfangreichen Wissen über Kräuter, Pilze und andere natürliche Heilmittel bewegte sie sich zwischen dem kultivierten und unkultivierten Raum, dem von Menschen besiedelten Gebiet und der Natur. Von den ihr zugeschriebenen Begleittieren gehörte die Katze zum ersten, der Rabe zum zweiten Bereich.

Ebenso bewegte sie sich als Grenzgängerin zwischen der Dieswelt und der Anderswelt und wurde dafür mit einem Besen, entstanden aus den gegabelten Ästen der Hecke, ausgestattet Er diente ihr als Transportmittel und für die magische Arbeit wie das Entfernen von Unerwünschtem.

Galt der Glaube an Hexen in der katholischen Kirche bis ins 13. Jahrhundert noch als Torheit und Aberglaube, änderte sich diese Denkweise mit der Einführung der Inquisition 1231 durch Papst Gregor IX. Eingeleitet wurde der Umschwung von dem Theologen Thomas von Aquin, der mit seiner Schrift „Summa theologica" die Macht der Dämonen beschrieb, die sich vor allem *schwacher Weiber* bedienten und sie zum Unglauben brachten.

Verstärkt hat diese Entwicklung die 1484 erschienene „Hexenbulle" von Papst Innozenz VIII., in der die Verfolgung *suspekter Frauenspersonen* ausdrücklich angeordnet wurde. Als Rechtfertigung diente der Bibelspruch *Eine Hexe sollst du nicht am Leben lassen* (2. Buch Mose 22, 17). Damit war der Hexenjagd, die damals begann und bis ins 18. Jahrhundert auf die Spitze getrieben wurde, Tür und Tor geöffnet. Man wollte den Gläubigen damals weismachen, dass diese ketzerischen Kreaturen ihre heidnischen Fähigkeiten und ihr Wissen nicht zum Wohl ihrer Mitmenschen einsetzten, sondern mithilfe des Teufels gegen sie richteten.

In den meisten Fällen kam es im Rahmen der Verfolgungen zur Denunzierung wegen Schadenzaubers, wenn beispielsweise Hagel die Ernte vernichtete, Seuchen ausbrachen oder Männer ihre Ehefrauen betrogen. Erste Verurteilungen gab es im 13. Jahrhundert mit dem Aufkommen der Inquisition.

Ende des 15. Jahrhunderts erschien das Buch „Der Hexenhammer", verfasst von dem Dominikanermönch Heinrich Kramer. Es werden darin alle Hinweise auf „Hexenwerk" übersichtlich präsentiert, Regeln zur systematischen Verfolgung aufgelistet und die Vernichtung dieser Personen mit einer vermeintlich wissenschaftlichen Argumentation begründet. Das Werk ist bis ins 17. Jahrhundert in 29 Auflagen erschienen. Der äußerst frauenfeindliche Autor beeindruckte sogar den damals amtierenden Papst, Innozenz VIII., der ins selbe Horn stieß und mit seiner „Hexenbulle" quasi den Startschuss für die öffentliche Verfolgung „ketzerischer Personen" abfeuerte.

In Wien, wie auch im Rest Österreichs und Mitteleuropas, grassierte diese kollektive Hysterie in der frömmelnden Bevölkerung bis zu Beginn des 18. Jahrhunderts.

Einer der eifrigsten Befürworter der Hexenverfolgung in Österreich war unter anderem der katholische Barockprediger und Schriftsteller Abraham a Sancta Clara, der zugleich als leidenschaftlicher Verfechter von Anstand und Moral galt und in zahl-

reichen öffentlichen Reden die „verhurten Sauzimmer" verteufel-
te. In der Residenzstadt fand unter Kaiser Rudolf II. auch eine
Hexenverbrennung statt, die er absegnete, obwohl er selbst an
Magie, Zauberei und eine Kommunikation mit dem Jenseits
glaubte. Allerdings litt er unter panischer Angst vor den Gesellen
der Unterwelt und wollte alle Personen eliminieren, die möglicherweise mit ihnen im Bunde stehen könnten.

Auch in Wien kam es im Verlauf der Hexenhysterie im 16. Jahrhundert zu einer Hinrichtung, der Name des Opfers lautete Elsa
Plainacher. Die 70-Jährige hatte nach dem Tod der Tochter ihr
Enkelkind Anna zu sich genommen und war bald darauf von
ihrem Schwiegersohn Georg Schlutterbauer beschuldigt worden,
das 15-jährige Mädchen dem Herrn der Finsternis überlassen zu
wollen.

Da Anna geistig etwas zurückgeblieben war, zudem an Epilepsie litt – mit Symptomen wie unkontrolliertem Zucken und
Schaum vor dem Mund, damals ein untrügliches Zeichen für Be-
sessenheit –, überstellte man sie nach Wien ins Bürgerspital.
Dort unterzog man sie einer gründlichen Einvernahme, bei der
sich der Verdacht gegen Elsa Plainacher bestätigte. Das Mädchen erzählte unter Tränen, seine Großmutter würde im Stall
Schlangen füttern und Fliegen in einem Glas fangen, die sich
nachts in den Teufel verwandelten. Anschließend unterzog man
es einem Exorzismus, bei dem *mit jämmerlichen und erschröckli-
chem großen Geschrey und ungestümb* 12652 Teufel aus dem Körper
fuhren.

Elsa Plainacher war in der Zwischenzeit verhaftet worden.
Nach einer Hetzpredigt des Jesuiten Georg Scherer vor dem Ste-
phansdom forderte das Volk eine „peinliche Befragung" der alten
Frau, obwohl ihre Enkeltochter die Anschuldigungen in der
Zwischenzeit widerrufen hatte. Im Anschluss an die grausamen
Folterungen im weitläufigen Keller des Malefizspitzbubenhauses
in der Wiener Rauhensteingasse 10 gestand Elsa Plainacher alles,

was man ihr vorwarf. Das Urteil lautete, *sie solle an die gewonlich Richtstadt, auf die Gennsswaydt geschlaipfft werden, volgendts daselbss lebendig mit dem Feuer zue Pulfer gebrandt.* Und so wurde sie am 27. September 1583 auf ein Brett geschnallt, das am Schwanz eines Pferdes befestigt war, und zur Hinrichtungsstätte auf der Gänseweid (heute Weißgerberlände etwa Nr. 2–10) gezogen. Zuvor sollte sie auf dem Weg dorthin noch in der Rupertikapelle ihre Sünden beichten, was sie jedoch verweigerte und was den Verdacht gegen die Frau in den Augen der schadenfrohen Gaffer, die sich auf dem Weg zum Exekutionsplatz schimpfend und geifernd um die Delinquentin scharten, nur noch erhärtete. Im Jahr 1642 wurde anstelle dieser Kapelle die Rochuskirche mit ihren 13 dämonischen Fresken erbaut.

Kurz darauf brannte Elsa Plainacher auf dem für sie vorbereiteten Scheiterhaufen auf der Gänseweid, bis von ihr nur noch Asche übrig war, die man in die Donau streute. Sie wurde aber auch noch nach ihrem Tod verunglimpft, denn in Wien galt „Plainacherin" noch lange Zeit als Schimpfwort. Heute erinnert die Elsa-Plainacher-Gasse im Bezirk Donaustadt an die einzige in Wien hingerichtete Hexe.

Weniger bekannt als dieser Fall, von dem auch in den Geschichtsbüchern berichtet wird, ist der von zwei Frauen namens Cazett und Sigl. Die beiden Wienerinnen, die im selben Haus wohnten, trafen laut Berichten ihrer Nachbarn jede Nacht Absprachen mit dem Teufel. Sie wurden am 17. Mai 1598 gefangen genommen und wenige Tage später wurde ihre Hinrichtung beschlossen, doch die städtischen Scharfrichter fürchteten sich so sehr vor dem bösen Blick der zum Tode Verurteilten, dass ein Kollege aus Krems anreisen musste. Der Mann aus Niederösterreich übernahm die Aufgabe und enthauptete die beiden Frauen. Anschließend wurde zur Sicherheit das verwendete Schwert neu gefasst und zugerichtet, wie in den historischen Aufzeichnungen geschrieben steht. Die Exekution der beiden Frauen soll am

Hochgericht auf dem Wienerberg bei der Spinnerin am Kreuz stattgefunden haben.

Es sind in Wien noch zwei weitere Fälle dokumentiert: Eine „Hexe" starb im Jahr 1601 während der Folter, eine andere machte 1603 ihrer Qual durch Selbstmord ein Ende. Maria Theresia ließ derartige Prozesse einige Jahre nach ihrer Thronbesteigung einstellen, ihr Sohn und Nachfolger, Kaiser Joseph II., eliminierte elf Jahre später die Delikte Hexerei und Zauberei aus dem Strafrecht.

Eine Folge des angstbesetzten Hexenglaubens war die Einführung der gleichnamigen Märchengestalt. Damit wurde Kindern das Fürchten gelehrt und vor Frauen mit von der damaligen Norm abweichenden Eigenschaften gewarnt – allein in den über 200 Märchen der Brüder Grimm im 19. Jahrhundert tauchen 50 Hexen und hexenähnliche Figuren auf.

Das Hexenthema gehörte allerdings auch zu Beginn des 20. Jahrhunderts noch nicht der Vergangenheit an. Der deutsche Reichsführer-SS Heinrich Himmler war dermaßen fasziniert von der Thematik, dass er sogar eine Spezialabteilung für „Hexenforschung" zusammenstellte.

Heute weiß man, dass sich die katholische Kirche enorm vor dem Wissen der weisen Frauen, die sie „Hexen" nannten, und deren Einfluss auf die frommen Bürger fürchtete. Doch nur in den seltensten Fällen setzten die betreffenden Personen ihre Fähigkeiten gegen ihre Mitmenschen ein, vielmehr versuchten sie, mit Kräutermixturen körperliche Leiden zu lindern oder mit – zugebenermaßen teilweise sehr obskuren – Zaubertränken Trost und Hoffnung bei Kummer und Seelenqual zu spenden.

Gegenwärtig gibt es in Wien immer noch „Hexen", die ihre Rituale üblicherweise auf den Hügeln der Stadt und im Wienerwald abhalten. Das urbane geordnete Leben dient ihnen als Gegenpol zur Verbindung mit dem Ursprung in der wilden Natur. „Echte Hexen" geben sich üblicherweise nicht zu erkennen, ihr Wirken erfolgt im Verborgenen – möglicherweise zum Wohl

ihrer Freunde, der Familie und der Gesellschaft und zum Schaden ihrer Rivalen, Konkurrenten und Feinde.

Neben den Hexen rückten immer wieder auch Zauberer ins
Zwielicht der Gesellschaft, obwohl sie ursprünglich als intellektuelle Häupter einer kultischen und geistigen Elite galten, gleich-
gesetzt wurden mit beispielsweise Druiden oder Schamanen. Die
genaue Definition lautet: Als Zauberer – im Unterschied zum
Zauberkünstler, der ausschließlich für „täuschende" Unterhaltung
sorgt – werden Menschen bezeichnet, deren Fähigkeiten aus der
Perspektive des Beobachters nicht in Einklang mit dessen bis-
heriger Interpretation der Umwelt stehen und sich von ihm auch
nicht deuten lassen. Rat Suchende erwarteten sich von ihm die
Erfüllung primärer Bedürfnisse, beispielsweise die Heilung von
Krankheiten, Prophezeiungen aller Art und Begünstigungen in
jeder Lebenslage. Darüber hinaus betätigten sich Zauberer häufig auch als Lehrer, Richter oder Künstler.

Niedergeschrieben und gesammelt hat man die Erkenntnisse
und Erfahrungen in Grimoires (Bücher mit magischem Wissen),
die von Generation zu Generation weitergegeben und dabei immer wieder überarbeitet wurden. In der Regel enthielten die Bücher astrologische Begriffe, Listen von Heilpflanzen, Rezepte für
die Zubereitung verschiedenster Mixturen und Zaubersprüche
für rituelle Handlungen. Grimoires existieren noch aus der Antike, die Blütezeit dieser Schriften lag jedoch zwischen dem 15. und
18. Jahrhundert. Die meisten dieser Manuskripte wurden unter
einem Pseudonym veröffentlicht, da die Verfasser in der Regel
fürchteten, auf dem Scheiterhaufen zu landen, wenn sie sich zu
erkennen gaben. Ab dem 19. Jahrhundert wurden verschiedenste
Sammlungen dieser Art aus den Archiven geholt, um sie einem
breiten Publikum zugänglich zu machen.

Einer der bekanntesten Zauberer Österreichs lebte einst in Wien und jagte vielen seiner Zeitgenossen eine Heidenangst ein. Es handelte sich um Karl Ludwig Freiherr von Reichenbach. Bevor der Mystiker auf dem Cobenzl im Bezirk Döbling sein Unwesen trieb, lebte dort ab 1773 Johann Philip Graf von Cobenzl, von dem der ehemalige Reisenberg seinen Namen erhielt.

Der Aristokrat ließ auf der Erhebung im Bezirk Döbling zwei Jesuitenhäuser zu einem Sommerschloss mit einem skulpturengeschmückten Park umgestalten und zusätzlich eine Meierei errichten. Es gab auch einen Teich, *auf dem Schwäne, türkische Aenten und anderes Geflügel herumschwimmen*, künstliche Wasserfälle und eine Grotte, an deren Wänden die wunderbarsten Mineralien glänzten. Cobenzl, ein Mitglied der Wiener Illuminaten, machte seinen Besitz auch der Öffentlichkeit zugänglich und hat *Leuten von Distinction Einlaß in seinen Park gewährt*. Im Jahr 1835 erwarb Karl Ludwig Freiherr von Reichenbach das Gebäude.

Der Industrielle, Chemiker, Naturforscher, Spiritist und Philosoph trug den Beinamen „Zauberer vom Cobenzl", weil er ab 1841 mit zahlreichen Freiwilligen seltsam anmutende Experimente im Bereich wissenschaftlicher Grenzgebiete im Keller seines Schlosses sowie auf Friedhöfen in der Umgebung veranstaltete. Er wurde aus diesem Grund schon bald von der Bevölkerung gemieden. Bereits während seiner Studienzeit in Tübingen war der junge Karl ein wenig aus der Norm gefallen, als er 1806 eine Geheimgesellschaft zur Errichtung einer Kolonie auf Tahiti in der Südsee (Otaheiti-Gesellschaft) gegründet hatte.

Im Zuge seiner Untersuchungen auf dem Cobenzl entdeckte er das, was man heute als Aura bezeichnet. Reichenbach nannte diese dem Magnetismus ähnliche Lebenskraft „Od" und behauptete, dass besonders begabte Menschen, also Sensitive, diese Strahlung in lichtlosen Räumen wahrnehmen könnten.

Dort, wo sich einst der Park vom nicht mehr bestehenden Schloss (das etwa 500 Meter oberhalb des heute dort existierenden Baus stand) befand, gibt es heute nur noch eine kleine Wiese mit einigen Bänken. Ein Stück von diesem Grasfleck entfernt, befindet sich ein unterirdischer Raum, der frühere Eiskeller des Schlosses. Der gemauerte Eingang zu dem Gewölbe liegt bereits mitten im Wald und ist erkennbar an einer V-förmigen Vertiefung im Boden. Eine schmale Ziegeltreppe führt mehrere Meter hinunter auf den Boden der unheimlichen „Höhle".

An Reichenbach erinnert auch der monumentale Isisbrunnen im Bezirk Josefstadt, der im Mai 1834 am Albertplatz aufgestellt und im Beisein von Kaiser Franz I. eingeweiht wurde. Sowohl das Becken als auch die namensgebende Statue der ägyptischen Göttin Isis aus Gusseisen stammen aus der Salm'schen Gießerei in Blansko, welche Karl Ludwig Reichenbach leitete, ehe er nach Wien kam. In der tschechischen Stadt gibt es eine Reichbachstraße, die nach dem Zauberer benannt wurde.

Zwei weitere „Zauberer", die sich jedoch eher der gesellschaftsfähigen Magie verschrieben und ab etwa 1830 ihr Betätigungsfeld im Wiener Wurstelprater gefunden hatten, waren Sebastian von Schwanenfeld und Basilio Calafati. Die beiden Herren arbeiteten zusammen, feierten zusammen große Erfolge und vergrößerten ihr Imperium Schaubude um Schaubude. Sie bedienten sich bei ihren Vorstellungen verschiedenster Gerätschaften und projizierten beispielsweise in ihrem Spukhaus in einem verdunkelten Raum Bilder von Geistern, Skeletten und anderen schauerlichen Figuren an die Wand.

Die visuellen Darstellungen wurden mit Rauch- und Blitzerscheinungen in einem dramaturgischen Spektakel in Szene gesetzt und in eine adäquate Geräuschkulisse eingebettet. Die Vorstellungen erfreuten sich beim Wiener Publikum großer Beliebtheit, und die beiden Künstler konnten sich damit ein kleines Vermögen verdienen.

Schwanenfeld gilt bis heute als einer der legendärsten Prater-Typen, der immer mit seinem Zauberstab vor einer seiner Buden stand, während mehrere abgerichtete Kanarienvögel auf seinen Schultern, seiner Hand und seinem Kopf balancierten. Er starb im Alter von 77 Jahren an „Entkräftung" – dort, wo er sich immer am wohlsten gefühlt hatte: in einer Praterhütte.

Calafati, der sich zu Beginn seiner Karriere „Salamucci" genannt hatte, installierte 1854 an einem Mast bei seinem Ringelspiel den „Großen Chineser" (im Volksmund bald nach seinem Schöpfer Calafati genannt). Es handelte sich dabei um eine 17 Kilogramm schwere und neun Meter hohe exotische Figur mit einem langen Rosshaarzopf, die Erwachsene als mystisch bezeichneten und vor der sich Kinder fürchteten. Später kam das Karussell in Besitz von Nikolai Kobelkoff, einem Schausteller, der bekannt wurde als der „Mann ohne Gliedmaßen".

Der „Große Chineser" brannte während des Zweiten Weltkriegs nach einem Bombenangriff auf den Prater ab. Eine Nachbildung steht heute am Calafattiplatz, der – in falscher Schreibweise – nach Basilio Calafati benannt wurde. Ebenso dort zu finden ist eine überlebensgroße Bronzeskulptur des Schaustellers.

Ein Kollege der beiden „Zauberer", der ebenfalls als Prater-Ikone in die Geschichte einging, war Anton Kratky-Baschik, der weit mehr gewesen sein soll als ein simpler Illusionist.

Schon das Geburtsdatum des gebürtigen Pragers gibt Rätsel auf: Auf seinem Grabstein am Zentralfriedhof (Gruppe 11, Reihe 1, Nr. 52) ist „Anton Kratky-Baschik, 1822–1889, Ein Meister seiner Kunst" zu lesen, die Friedhofsverwaltung legt sich jedoch auf 1820 als Geburtsjahr fest und Felix Czeikes „Historisches Wien Lexikon" von 1992 bis 1996 gibt das Jahr 1821 an.

Anton Kratky-Baschik stand ab seinem 16. Lebensjahr auf kleinen Bühnen in ganz Europa, anfangs noch als Mundharmonikaspieler, später als Imaginationskünstler. Ab 1850 spezialisierte er sich auf seinen Tourneen durch England und Amerika auf Gespenstervorführungen mit toten Berühmtheiten. Er erntete immer mehr Anerkennung als „echter Zauberer", für dessen

Der „Große Chineser"

„Tricks" es nie wissenschaftlich fundierte Erklärungen gab, obwohl ihm seine Neider und Konkurrenten immer wieder auf die Schliche zu kommen versuchten.

1862 ließ sich Kratky-Baschik in Wien nieder und eröffnete 1864 im Wurstelprater sein erstes Geistertheater auf der Feuerwerkswiese. Dieses musste er jedoch bald wieder schließen, da er weiterhin durch die Lande tourte und keine Zeit mehr dafür fand. Einige Jahre später unternahm er einen weiteren Anlauf und erbaute zur Wiener Weltausstellung 1873 sein zweites „Theater für Zauberei" in der Ausstellungsstraße 161, das er in der warmen Jahreszeit bis zu seinem Tod bespielte. Es bot 800 Besuchern Platz, womit es sich um das größte Zaubertheater der Zeit handelte. Der Künstler benutzte dort als einer der Ersten Geiß'lersche Röhren, in deren Gasentladungen die Verstorbenen „erschienen".

Im Winter hielt sich Kratky-Baschik mit Veranstaltungen seiner Zaubersoireen in der Innenstadt oder im Dianasaal im Bezirk Leopoldstadt über Wasser. Das Geld, das er im Prater verdiente, gab er am liebsten in seinen beiden Stammlokalen Goldener Kegel und Goldenes Kreuz aus, die sich in der Nähe seines Theaters befanden. Zuletzt erblindete der alte Zauberer und starb am 27. August 1889, das Theater wurde von seinem Neffen und anschließend von einem befreundeten Magier weitergeführt, bis es 1911 seine Pforten schloss.

Und dann gab es in Wien noch ein „Zauberer-Ehepaar", bestehend aus George Homes, der mit bürgerlichem Namen Emil Gottlieb hieß, und seiner Bühnenpartnerin Maria Homes-Fey, das ab den 1870er-Jahren weltweit große Erfolge feierte. Ob in Berlin, Athen oder New York, das Künstlerduo füllte überall die größten Säle und hatte begeisterte Anhänger. In ihren Shows schwebten Möbel durch die Luft, erschienen Geister und wurden die Gedanken des Publikums gelesen. Doch Homes und Fey grenzten sich dabei immer von selbst ernannten Medien ab und betonten, dass

sie sich als Illusionisten verstanden, die mit Zaubertricks arbeiteten. Äußerst raffiniert und auf dem neuesten Stand der Technik arbeiteten die beiden mit Sprechcodes, versteckten Telefonkabeln oder optischen Täuschungen. Wie später der weltberühmte Harry Houdini in den USA, stellte sich das Paar in Europa gegen jene, die technische Tricks als übersinnliche Kräfte verkauften.

Im mittelalterlichen Wien fürchteten sich die Menschen nicht nur vor dem Schaden, den Menschen mit bestimmten Gaben wie etwa „Hexen" einer Gemeinschaft zufügten, sondern auch vor Flüchen und dem bösen Blick, die einen persönlich treffen konnten.

Einige der Verwünschungen aus dem alten Wien hörten sich harmloser an, als sie waren, etwa *Dass dich das Mäusel beiße!* Mit dem „Mäusel" war das Wiesel gemeint, gleichbedeutend mit Aussatz. Man hat damit also jemandem die beißende Lepra an den Leib gewünscht. Es existierten in jener Zeit alle möglichen schwarzmagischen Rituale, die solcherlei böse Sprüche neutralisieren sollten. Manchmal erhofften sich Betroffene im Falle einer vermuteten Verfluchung auch Beistand von „ganz oben" – so zum Beispiel am 20. Juli 1768, als ein Grüppchen von Menschen vom Wiener „Ratzenstadel" aus bis nach Füssen in Bayern marschierte, sich auf dem Weg gegen Wind und Wetter stemmte, Hunger und Durst litt, nachts oft vor Kälte schlotternd nur in dunklen Kellern und verwitterten Scheunen Unterschlupf fand und alle Entbehrungen auf sich nahm, um Hilfe beim Abwenden eines durch Magie hervorgerufenen Schadens zu erbitten.

Ziel war der im dortigen Benediktinerkloster begrabene heilige Magnus, der die Wienerinnen und Wiener von einer Rattenplage in ihrem Grätzl befreien sollte. Es handelte sich dabei um die kleine Vorstadt Magdalenengrund, gelegen an den abfallenden Hängen zwischen der Gumpendorfer Straße und dem Wiental.

Jede Menge Flüche wurden im Laufe der Zeit auch gegen die Habsburger ausgestoßen, was sich auch in der Geschichte des Herrschergeschlechts widerspiegelt. Kaum ein Mitglied dieser Familie ist friedlich entschlafen und mysteriöse Todesfälle, grausame Verbrechen und tragische Selbstmorde waren eher die Regel als die Ausnahme. Zudem ist zu beobachten, dass bei den meisten Habsburgern auf den Gipfel des Erfolgs ein jäher Absturz und das Karriereende folgten.

Die lange Reihe von Schicksalsschlägen im Haus Habsburg basiert angeblich auf einer Verwünschung im 13. Jahrhundert, als Rudolf I. eine Dienstmagd schwängerte und sie dann davonjagte. Die junge Frau fluchte ihm und seinen Nachkommen ein Leben voller Pech, Niederlagen und Verluste an den Hals.

Ein weiterer Unsegen wurde im Oktober 1849 im Haus Annagasse 10 über die Habsburger verhängt, das sich zu jener Zeit im Besitz der Familie Batthyány befand. Ausgestoßen hat die Worte „Himmel und Hölle soll sein Glück vernichten, sein Geschlecht soll vom Erdboden verschwinden und er selbst soll heimgesucht werden in den Personen derer, die er liebt! Sein Leben sei der Zerstörung geweiht, und seine Kinder sollen elend zu Grunde gehen", die gegen den damals erst 19-jährigen Franz Joseph I. gerichtet waren, Borbála Skerlecz de Loronicza.

Ihr Sohn, der Aristokrat und erste Ministerpräsident des Königreichs Ungarns, Ludwig Graf Batthyány, hatte sich in den Krieg gegen den Kaiser verwickeln lassen und war daraufhin verhaftet worden. Trotz eines an den Habsburger gerichteten Gnadengesuchs, wurde der Adelige in Haft genommen, wegen Hochverrats zum Tode verurteilt und nach einem missglückten Selbstmordversuch hinter Gittern im ungarischen Stadtteil Pest hingerichtet.

Franz Joseph musste auch tatsächlich im Laufe seines Lebens viel Leid erfahren: Er verlor seine Tochter Sophie im Jahr 1857, als diese erst zwei Jahre alt war. Sein Bruder Maximilian, Kaiser von Mexiko, wurde 1867 von einem Kriegsgericht zum Tode verurteilt und erschossen. Sein 31-jähriger Sohn, Kronprinz Rudolf, nahm seiner Geliebten Mary Vetsera und sich selbst das Leben. Seine geliebte Ehefrau Sisi wurde in Genf von einem Anarchisten ermordet. Der nächste Thronfolger nach Rudolf, Josephs Neffe Franz Ferdinand, starb in Sarajevo bei einem Attentat.

In den alten Zeiten existierten aber auch jede Menge positive mächtige Worte, die man anwenden konnte, um sich Wünsche zu erfüllen, Situationen zum Guten zu wenden oder eine Heilung herbeizuführen. Bekanntestes Beispiel sind die Merseburger Zaubersprüche zur Heilung von Fußverrenkungen bei Pferden und zur Befreiung Gefangener. Sie stammen aus dem 9. oder 10. Jahrhundert und sind in althochdeutscher Sprache verfasst.

Zu den magischen Formeln zählten auch Mantras, die durch wiederholendes Rezitieren Negatives bannen und Positives manifestieren sollten. Ein Bespiel dafür ist die „Wiener Schlangenbeschwörung" aus dem Mittelalter, die dem Bereich der Sprachmagie zuzuordnen ist. Die *schalckhaftige nater* wird im Text aufgefordert, zu erstarren und ihr Gift auf die Erde zu spritzen und nicht gegen andere Lebewesen zu verwenden. Die Bitte um Beistand erfolgt unter der Anrufung von Gott, Jesus und Johannes dem Täufer.

Das Tor zur Hölle in Wien und der ewige Kampf Gut gegen Böse

Die Angst vor Satan ist so alt wie die Menschheit selbst, dabei hat die Angst Satan erst erschaffen – durch von der Kirche in der Vergangenheit immer wieder propagierter Höllenszenarien, die der Gläubige zu fürchten hatte.

Der deutsche Philosoph Friedrich Wilhelm Nietzsche äußerte dazu: „Erst das Christentum hat den Teufel an die Wand der Welt gemalt; erst das Christentum hat die Sünde in die Welt gebracht."

In Wien hat sich der Herr der Finsternis offenbar aber nie so wirklich gerne aufgehalten – vielleicht, weil in der Stadt früher so viele brave Katholiken lebten. Es existieren jedenfalls, bis auf sein Auftreten in einigen Sagen, nur relativ wenige Hinweise auf das Auftauchen des Gebieters in der Donaumetropole.

Eine der vielen urbanen Legenden handelt zum Beispiel von dem Marienbild, das viele Jahrhunderte lang an der Kreuzung Feldgasse (Schottenfeld)/Mariahilfer Straße im Bezirk Neubau das Straßenbild prägte. Es heißt, dass dort jede Nacht um genau zwölf Uhr der Teufel in einer schwarzen Kutsche vorbeikam – wer ihn erblickte, war dem Tod geweiht. Doch die Tochter eines Fiakers, die in dem Gebäude an besagter Ecke wohnte, wollte unbedingt einen Blick auf das Gefährt aus der Unterwelt werfen und blickte um Schlag Mitternacht hinunter auf die Straße.

Am nächsten Morgen fand man ihre Leiche mit dem Abdruck einer schwarzen Krallenhand auf der Wange vor dem Haus auf dem Gehweg. Das Fenster, aus dem eine höhere Macht die junge Frau geworfen haben musste, wurde zugemauert und die Stelle mit einem Marienbild übermalt. Ab diesem Tag ließ sich der Satan nicht mehr in der Gegend blicken.

Dass es so wenige Hinweise auf einen Aufenthalt des Teufels im alten Wien gibt, mag daran liegen, dass die Stadt ab der Römerzeit als Warenumschlagplatz ein Mekka der Kaufleute war, wo auf Handfestes wie Geld, Maße und Gewichte gesetzt wurde.

Dennoch existieren auch in Wien ein paar Portale zur Unterwelt, durch die der Herr der Finsternis schlüpfen und sich auf die Suche nach armen Seelen machen kann. Wie viele es davon gibt, ist unbekannt. Vermutlich handelt es sich bei den Zugängen zum Reich Satans um alte Kultplätze, die für zeremonielle Handlungen zur Beschwörung des Bösen genutzt wurden. Es heißt, wer dem Tor zur Hölle zu nahe kommt und über ein sensibles Gemüt verfügt, läuft Gefahr, hinabgezogen zu werden. Dem Teufel dürstet angeblich nach „schwachen Seelen", die er als Energielieferanten missbraucht und als leere Hüllen zurück in ihr altes Leben wirft.

Eines dieser Portale in das Reich Luzifers dürfte sich laut den alten Chroniken von Wien in der Nähe des einstigen Hinrichtungsorts auf der Gänseweid befinden. Angeblich lauert der Leibhaftige unter dem Denkmal von Vuk Stefanović Karadžić, dem Schöpfer der serbokroatischen Standardsprache, das sich in der Rasumofskygasse 23 befindet, auf seine Opfer (dort stand wie bereits erwähnt auch das Haus, in dessen Keller alchemistische Experimente durchgeführt wurden).

Ein anderer Hinweis aus der Vergangenheit führt zum Stephansplatz, hinter den Dom. Die Begründung für die Annahme, dass sich genau dort ein Tor zur ewigen Verdammnis befindet, lautet: Sei deinen Freunden nahe, deinen Feinden aber noch näher! Und aus diesem Grund soll Beelzebub, wenn er gerade in Wien ist, bevorzugt ganz nahe am größten Gotteshaus der Stadt im Untergrund sein Unwesen treiben.

Ein weiterer Eingang zur Unterwelt befindet sich laut Überlieferung bei der gotischen Steinsäule Spinnerin am Kreuz, die Mitte des 15. Jahrhunderts von Dombaumeister Hans Puchsbaum entworfen wurde. Bei dieser mystischen Wegmarke konnten ankommende Fremde nach langer Wegstrecke erstmals die Türme der Stadt erblickten und bei der Heimreise einen letzten Blick auf Wien zurückwerfen.

An einem zuvor an dieser Stelle befindlichen Denkmal fand ab dem 14. Jahrhundert ein Hochgericht statt, bei dem Verbrecher zum Tod verurteilt wurden. Der Galgenplatz selbst dürfte sich ein Stück südöstlich der Spinnerin am Kreuz, zwischen dem Wasserturm Favoriten und den Siedlungsbauten hinter dem Haus Triester Straße 85, befunden haben. Bei jedem Todesurteil soll der Höllenfürst erschienen sein und hämisch gelacht haben, ehe er sich wieder in sein dunkles Reich zurückzog.

Laut germanischem Mythos markierten Grenzsäulen zwischen Stadt und Land immer auch einen Bereich zwischen Leben und Tod, weshalb sich dort schon von jeher bevorzugt Geister und Dämonen tummelten.

Würde Luzifer in Wien eines der genannten Portale nutzen und aus dem Untergrund emporsteigen, täte er das laut Volksglauben in den Stunden um Mitternacht. Im Mittelalter vertrat man nämlich die Auffassung, dass die Nacht eine Verwandte des Todes wäre und dem Wesen aus dem Jenseits sowie den finsteren Abgesandten des Teufels gehöre.

Zu den Orten, die nach Sonnenuntergang immer durchlässiger wurden und den Gestalten aus der Anderswelt die Tore öffneten, zählten vor allem einsame kleine Gassen, Plätze, an welchen Blut geflossen war, Wegkreuzungen, Brücken und Friedhöfe, weshalb man diese Stellen in der Stadt früher besser als andere beleuchtete.

Man glaubte auch, dass manche Menschen vom Teufel besessen wären (auch wenn es sich dabei häufig nur um psychische Leiden der Betroffenen oder körperliche Erkrankungen wie Epilepsie handelte), woraufhin ein Vertreter der Kirche bei der betreffenden Person einen Exorzismus durchführte.

Einer der aufsehenerregendsten Fälle ereignete sich 1583 in Wien: Ein 16-jähriges Mädchen namens Anna konnte während einer Teufelsaustreibung angeblich von 12.562 Dämonen befreit werden – es handelte sich dabei um die Enkelin der 1583 hingerichteten „Hexe" Elsa Plainacher. Nicht selten wurden auch Tiere verdächtigt, mit Luzifer zu paktieren und mittels Telepathie die Gedanken der Menschen, die sie umgaben, zu verpesten – neben Würmern waren im Mittelalter besonders Katzen, Schweine und Esel im Fokus. Galt ihre Schuld als erwiesen, hat man ihnen den Teufel aus dem Leib geprügelt oder sie getötet.

Gegenwärtig finden in Wien immer noch bis zu 50 Teufelsaustreibungen pro Jahr durch die katholische Kirche statt. Die Namen der „Beauftragten im Befreiungsdienst" (den Begriff „Exorzist" schätzt man seit dem gleichnamigen Film im Katholizismus nicht mehr) bleiben streng geheim, da die Männer die Öffentlichkeit meiden wie der Teufel das Weihwasser.

Das erste Beschwörungsritual gegen den Leibhaftigen erhält fast jeder Mensch allerdings präventiv im Rahmen einer Zeremonie bereits kurz nach seiner Geburt: im Rahmen der Taufe.

Diese erste Immunisierung schützt allerdings nicht vor einem Zugriff des Bösen, wenn man es heraufbeschwört – etwa mithilfe bestimmter Rituale und schwarzmagischer Praktiken, mit denen man Satan herbeiruft. Es handelt sich dabei allerdings eher um Mutproben, denn wirklich wünschen sollte man sich eine tatsächliche Existenz des Teufels nicht.

Die Angst vor dem Höllenfürsten, bei dem es sich eigentlich um den Erzengel Luzifer (römisch: Lichtbringer) handelt, der sich verbotenerweise mit den Menschen eingelassen hat, dürfte in seiner traurigen Vergangenheit begründet sein. Er wurde nämlich, obwohl er als schönster und klügster Engel Gottes Liebling war, aufgrund eines Fehltritts in Richtung irdisches Lebens aus dem himmlischen Reich verbannt.

Luzifer machte sich daraufhin mit gut einem Drittel aller Himmelsbewohner, die sich ihm anschlossen, auf den Weg zur Erde. Er gilt damit als gefallener Engel, dem sein freier Wille zum Verhängnis wurde, seine Anhänger werden von der Kirche als Dämonen bezeichnet. Das Wort „Dämon" wird vom griechischen „daimon" abgeleitet (damit war die Seele des Menschen, sein Geist, gemeint), was wiederum von „daimónion" stammt, was Schicksalsmacht bzw. mahnende Stimme (des Gewissens etwa) bedeutet. Die Begriffsverfremdung in Richtung Handlanger des Teufels fand unter dem Einfluss der Kirche erst im Mittelalter statt.

Die im Himmel verbliebenen Wesen an der Seite Gottes, die sich nicht, wie Luzifer, den Menschen annäherten, werden nicht nur von Gläubigen verehrt und Schutzengel genannt. Ihr Ehrentag ist der 2. Oktober – das wurde 1670 von Papst Clemens X. festgelegt.

Der Kampf zwischen Gut und Böse spiegelt sich in Wien an vielen weiteren Orten wider, beispielsweise an der Fassade des Hauses Bäckerstraße 12/Essiggasse 4, auf der die frühgotische Bausubstanz des ersten Gebäudes aus dem 14. Jahrhundert noch sichtbar ist. Die skurril anmutende Fassadenmalerei, die nur noch teilweise erhalten ist und 1978 freigelegt wurde, entstand im 16. Jahrhundert – sie zeigte eine Kuh mit Brille und einen Wolf vor dem mittelalterlichen Würfelbrettspiel Tricktrack bzw. Wurfzabel (Wurf = Würfel, Zabel = Spielbrett).

Diese Art der Freizeitbeschäftigung wurde früher auch „Puff" genannt, wobei der Name ursprünglich das Geräusch der fallenden Würfel bezeichnete (der Ausdruck „Puff" für das Bordell geht wiederum auf den Namen des Spiels zurück, mit dem sich die männlichen Besucher der Freudenhäuser zwischendurch an der Weinausschank die Zeit vertrieben).

Im Gegensatz zu Darstellungen der Heiligen Dreifaltigkeit, von Marienbildnissen und Engelswesen begegnet uns das leibhaftige Abbild des Teufels in der Hauptstadt nur recht selten – er wurde vom Klerus und gläubigen Christen fast zur Gänze eliminiert. Dennoch wird man nach langer Suche hie und da fündig, etwa an der Fassade der Akademie der Wissenschaften am Dr.-Ignaz-Seipel-Platz 2 findet sich sein Antlitz gleich drei Mal. Ebenso sind zwei Köpfe mit Teufelshörnern am Gebäude Grimmgasse 21 im Bezirk Rudolfsheim-Fünfhaus zu sehen.

Teufelsköpfe

Die Hauszeichen aus früheren Zeiten, die Luzifer im Zusammenhang mit alten Wiener Sagen zeigten, sind heute allerdings nahezu komplett verschwunden, beispielsweise auf dem Gebäude Bognergasse 3. Dort befand sich die Erinnerung an die Geschichte „Wo der Teufel mit der Bognerin rauft": Weil der erfolgreiche Armbrustmacher Caspar Bergauer ständig mit seiner rabiaten Gattin stritt, die ihn auch misshandelte, bot ihm Satan seine Hilfe an. Der dunkle Geselle ging mit in die Wohnung des Paares, legte sich neben die schlafende Frau und gab ihr einen Kuss. Die Bognerin fuhr von ihrem Lager hoch und traktierte den Eindringling mit Schlägen und Tritten, riss ihm sogar ein Horn aus, bis dieser floh. Auf der Fassade des Hauses stand früher einmal zu lesen: *Pestilenz und Not ein Uebel ist, Krieg ein arger Zeitvertreib. Doch schlimmer noch als des Teufels List, Gott behüt uns, ist ein böses Weib!*

Ebenso nicht mehr vorhanden sind die beiden steinernen Bären unterhalb des ersten Stockwerks am Haus Rotenturmstraße 8–10/Lugeck 1–2, an die sich an folgende Sage knüpft: Im Jahr 1444 irrte der Landsknecht Georg Talhammer nach der Schlacht von Warna, in der er nur knapp dem Tod entkommen war, verzweifelt im finsteren Wald umher. Da erschien ihm eine Gestalt, die ihm versprach, dass er schon bald reich und angesehen werden würde. Georg müsste sich dafür aber in ein Bärenfell hüllen und dürfe sich drei Jahre lang nicht waschen und weder Haare, Bart noch Nägel schneiden, sonst würde seine Seele an den Teufel fallen. Als er eine Frau fand, die ihn aufgrund seiner schönen Seele heiraten wollte und deren zwei Schwestern den stinkenden Mann mit gerümpfter Nase als Bräutigam abgelehnt hatten, befreite ihn Beelzebub von dem Fell, wusch ihn am Fluss, hüllte ihn in kostbare Gewänder und setzte ihn in einen Wagen, mit dem er zu seiner Braut fuhr. Die beiden Schwestern wurden grün vor Neid und schieden kurz darauf durch Selbstmord freiwillig aus dem Leben.

Georg aber lebte mit seiner Frau noch viele Jahre glücklich und in Reichtum am Lugeck. Die beiden Bären an dem Haus sollten die Menschen vor der Täuschung durch das Böse warnen, außerdem vor zu großem Neid.

Mit der Sage vom Teufelsschlosser im Zusammenhang stehen zwei satanische Wesen auf einer Tafel vor dem Eingangsportal des Palais Equitable am Stock-im-Eisen-Platz 3. Die kunstvolle Darstellung dokumentiert den Pakt mit Satan, den im 16. Jahrhundert der Schlosserlehrling Martin Mux einging. Er schmiedete mithilfe des Höllenfürsten ein starkes Metallband mit einem unknackbaren Schloss, das bei seinem Meister von Luzifer selbst in Auftrag gegeben worden war. Der Bursche sollte dafür seine Seele opfern, sobald er nur ein einziges Mal an einem Sonntag die heilige Messe im Stephansdom versäumen würde. Als er Jahr für Jahr pünktlich in der Kirche erschien, verwickelte ihn der Teufel eines Sonntagmorgens in ein spannendes Kartenspiel, sodass Martin Mux die Zeit vergaß. Er traf zu spät im Gotteshaus ein und verlor daraufhin seine Seele.

In fast niedlicher Form begegnet uns der Herr der Unterwelt gleich in dreifacher Ausfertigung in der mit einem Eisengitter verschlossenen Nische beim Bischofstor des Stephansdoms. Dort sollen drei Miniaturausgaben des Höllenfürsten mit Namen Luziferl, Spirifankerl und Springinkerl eingesperrt worden sein, nachdem sie im Dom ständig die Gläubigen geärgert hatten. Dort blieben sie so lange, bis sie versteinerten. Über dem Verlies ist eine Inschrift eingemeißelt, die vor der Anbetung von Götzen (einst Tatermänner genannt) warnt, wie sie die Heiden praktizierten: *Ir menschen alesambt gelaubt in got / und behalt Christi gebot, / des die haidn nit habent getan. / Sie paten an die taterman.*

Dieser Hinweis auf die Macht über das Böse bleibt am Stephansdom nicht der einzige.

Im Dom befindet sich oberhalb der Capistrankanzel hinter dem Nordturm die Skulptur eines Türken mit „barbarischem

Schopf", der von einer Fahnenstange durchbohrt wird. Aber auch drei weibliche Heilige demonstrieren den Hass auf das Fremde, das den Teufel verkörperte: Im Bischofstor ist im Bogenfeld die hl. Barbara zu sehen, die auf einem Juden steht, der sich um Luft ringend an den Hals greift, die hl. Katharina mit dem Rad, die auf einen heidnischen Philosophen eintritt, und die hl. Euphemia, die mit ihren Füßen einen Drachen malträtiert, der früher als Sinnbild der Ketzerei von Hussiten und Protestanten galt.

Doch nicht nur Menschen mit anderen Idealen und Glaubensrichtungen als Bedrohung des Guten sollten abgeschreckt werden, man hat auch einiges unternommen, um Satan höchstpersönlich fernzuhalten – so etwa durch den eisernen Hahn am Chordach, der dem Dom den Rücken zuwendet. Er soll als Wächter aufpassen, dass sich der Teufel keinen Zutritt verschafft, der ja bekanntlich nur bis zum ersten Hahnenschrei seine bösen Taten vollbringen kann. Darüber hinaus wacht im Gotteshaus am Handlauf der Kanzel ein kleiner Hund, der den Höllenfürsten in Tiergestalt als Frosch, Lurch und Salamander daran hindern soll, die Predigten ans Volk zu stören.

Auch in Stein gemeißelte Abwehrdämonen in Tiergestalt an der Außenseite von Gotteshäusern waren immer schon ein bedeutender Bestandteil mittelalterlicher Kirchen, ihre Symbolkraft bezieht sich vor allem auf den Kampf zwischen Gut und Böse.

Am Stephansdom, am Gotteshaus Maria am Gestade, an der Votivkirche im Bezirk Alsergrund und an der Lazaristenkirche im Bezirk Neubau befinden sich etliche Wasserspeier, englisch *gargoyles*, die beim Erbauen der Kirche angebracht wurden.

Sie dienten bereits in der Antike einerseits der Ableitung von Regenwasser, das als „Himmelstränen" vor Bedrohung schützen sollte, andererseits dem Schutz vor schädlichen Einflüssen. Die Wesen mit ihrem fratzenhaften Antlitz, den weit aufgerissenen Mäulern und der angriffslustigen Körperhaltung stellen unter anderem einen Stier, Hyänen oder Löwen dar.

Wasserspeier am Stephansdom

Die Hyäne steht für das Laster und die Ungläubigkeit, der Löwe verkörpert für gläubige Menschen das Böse, den Feind des Menschen, und der Stier symbolisiert die Veränderung im Glauben und warnt davor, sich von Gott abzuwenden.

Das Christentum lehrte die Menschen im Mittelalter, das Böse käme aus dem Westen und müsste unter allen Umständen aufgehalten werden. Da die meisten Kirchen Wiens geostet sind, konnte man den Teufel und sein infernalisches Gefolge bereits am Eingang abfangen – beispielsweise mit einer „Dämonenfalle", wie sie in den Radfenstern des Riesentors am Stephansdom zu sehen sind.

In der Rochuskirche auf der Landstraßer Hauptstraße 54 befinden sich die Abwehrdämonen sogar in der Sakristei, die bei der Renovierung des Gotteshauses unangetastet blieb und 13 dämonische Fresken zeigt.

Sehr plakativ sicherte man also bereits im Mittelalter die Gotteshäuser mit allen nur erdenklichen Maßnahmen ab und schickte die Gläubigen anschließend wieder zurück in ihre ungeschützten Häuser – Hauptsache, der Teufel hielt sich von den Kirchen fern.

Folgende Gebäude hat man in Wien außerdem mit Abwehr-dämonen geschützt: das Akademische Gymnasium (Beethoven-platz 1), den Wasserturm Favoriten (Windtenstraße 3), das Wien-flussportal im Stadtpark, Haus Nr. 116 in der Hernalser Hauptstraße, die Paulinenwarte im Türkenschanzpark und die Grabkapelle der Familien Gottfried Alber-Justus auf dem Fried-hof Mauer. Weiter sind in der Stadt auch Maskarone zu entde-cken: seit der Antike bekannte steinerne und in halb plastischer Form dargestellte maskenhaft verzerrte Gesichter an Hausfassa-den. Die menschenähnlichen Antlitze stammen häufig von Fa-belwesen oder einer Gottheit und sollen ebenfalls furchteinflö-ßend auf Feinde wirken. Sie finden sich an zahlreichen alten Privathäusern, aber auch an öffentlichen Gebäuden wie der Aka-demie der Wissenschaften, Secession (Gorgonen) oder im Palais Kinsky (Maskaron mit Brunnenschale). Manchmal steckt der Teufel aber auch im Detail, wie zum Beispiel an der Tür zum Haus Hornbostelgasse 5 im Bezirk Mariahilf, wo sich ein winzi-ger Maskarone auf der Abdeckung des Schlüssellochs befindet.

Böses mit Bösem bekämpfen wollte man im Haus mit der heutigen Adresse Landstraßer Hauptstraße 112, auf dem bis heute das Empirerelief eines Kometen mitsamt der Jahreszahl 1811 über dem Eingangstor prangt. In früheren Zeiten galt die-ser Himmelskörper als Unglückzeichen, mit dem man satani-sche Einflüsse auf die Bewohner des Gebäudes abwehren wollte.

Der Beelzebub selbst und sein dämonisches Gefolge sind im weltlichen Wien außerdem im Prater zu finden, auch wenn man ihn von einigen Attraktionen wieder verbannt hat. So hieß etwa die „Wilde Maus" früher „Teufelskutsche" und ein Karussell für Erwachsene, das es heute nicht mehr gibt, trug den Namen „Teu-felsritt". Heute ist der Fürst der Finsternis noch auf der Geister-bahn „Roter Adler" zu sehen.

Schlüsselloch mit Teufelsdarstellung

Auf der Spur mystischer Märchenfiguren und geheimnisvoller Fabelwesen

Überall in Wien kann man mythologische und allegorische Gestalten aus Stuck, Stein oder Metall, die sich auf Brunnen, Brücken und Hausfassaden, außerdem in Grabanlagen, Parks und Museen oder auf prominenten Plätzen sowie vor prunkvollen Gebäuden befinden, entdecken. Die meisten stehen schon seit Jahrhunderten an ihrem Platz und schmücken die Stadtlandschaft, ohne dass man sie noch bewusst wahrnimmt. Sie stammen aus einer Zeit, in der nahezu jedem Bauwerk eine magische Bedeutung zukam, Brunnen konnten angeblich Wünsche erfüllen, Statuen und Bilder Wunder wirken und so manches Wesen entstammte einer wundersamen Erzählung.

In Wien existieren beispielsweise jede Menge märchenhafter Figuren oder Szenen, die eher versteckt und unbemerkt ihr Dasein fristen und häufig übersehen werden. Kaum jemand weiß, dass die „Krotenschul" in der Julius-Meinl-Gasse 1/Odoakergasse 48 im Bezirk Ottakring zahlreiche Froschkönige beherbergt.

Das Gebäude, das mittlerweile unter Denkmalschutz steht, wurde im Heimatstil errichtet und von Julius Meinl II. der Gemeinde übergeben. Es fanden damals vom Berg hinunter ins Tal zu einem Tümpel regelmäßig Krötenwanderungen statt, die der

Wasserspeier in der Krotenschul

Schule ihren Namen gaben. Bis heute sitzen die Amphibien aus Keramik bei den in jedem Stockwerk vorhandenen Trinkstrahlbrunnen und dienen als Wasserspender. Im Ersten Weltkrieg hat man in dem Haus in einer Tagesheimstätte unterernährte Schüler mit im eigenen Garten angebautem Gemüse und anderen Grundnahrungsmitteln versorgt und die Gesundheit der Kinder überwacht.

Zwei Frösche befinden sich auch auf der Fassade des 1902 erbauten Hauses Margaretenstraße 100 im Bezirk Margareten, welche die beiden Fenster im ersten Stock flankieren.

Andere märchenhafte Spuren führen in die Hauffgasse 20 im Bezirk Simmering, die 1894 nach dem Märchenerzähler Wilhelm Hauff benannt wurde. Die Fassade des Wohnhauses zeigt zwei Steintafeln mit je drei Szenen zu den Märchen „Kalif Storch" und „Das Wirtshaus im Spessart". Und in der Einfahrt wurden vier Reliefplatten angebracht, die mit Motiven zu den Erzählungen „Zwerg Nase", „Die Geschichte vom kleinen Muck", „Das Märchen vom falschen Prinzen" und „Phantasien im Bremer Ratskeller" an den Dichter erinnern. Auch die Eingangshalle des Wohnhauses Hegelgasse 2 schmücken Fresken zu verschiedensten Märchen.

Aber auch Aristokraten umgaben sich gerne mit märchenhaften Darstellungen, wie die drei Zwerge namens Ruffanella, Hanß Görge Pryhann und Jupantschku Ferenz belegen. Mittlerweile im Bezirksmuseum Penzing untergebracht, standen vier dieser Figuren aus Kalksandstein ursprünglich auf der Parkterrasse der ehemaligen Huldenbergvilla, auch Ledererschlössel genannt, in der Mühlbergstraße 9. Das prachtvolle Anwesen wurde um 1715 von Johann Bernhard Fischer von Erlach für einen außerordentlichen Gesandten Englands, Daniel Erasmus von Huldenberg, erbaut – wann die Zwerge dort aufgestellt wurden, ist ungewiss, warum der vierte verschwand, ebenso.

Ein Riese im Fellgewand findet sich im Bezirk Neubau am Eckhaus Sigmundsgasse 15/Burggasse 29.

Dass Märchen in Wien tiefe Wurzeln geschlagen haben, obwohl so wenig Hinweise darauf erhalten geblieben sind, beweist auch die Historie des Hause Wollzeile 6–8. Auf dem Grundstück, auf dem das heutige Wohnhaus steht, befanden sich einst vier kleine Bauten und in einem davon war das Wirtshaus *Zum Strobelkopf* untergebracht, benannt nach dem steinernen Hausschild in Form eines Struwwelpeters.

In dem Lokal tagte von Anfang bis Mitte des 19. Jahrhunderts die „Wollzeilergesellschaft". Es handelte sich dabei um eine Gruppe von Männern, die ihren Zusammenschluss als bürgerliches Pendant zum elitären Adelsverein der Stadt Wien verstanden und sich jeden Mittwoch zum Diskutieren und Lesen trafen. Die Mitglieder der Vereinigung – Poeten, Buchhändler und Antiquare – hatten es sich außerdem zur Aufgabe gemacht, Jakob Grimm beim Zusammentragen seiner Geschichten zu unterstützen. Der Dichter selbst hatte die „Wollzeilergesellschaft" darum gebeten, 360 Fragebögen in Österreich auszusenden, um die Sammlung seiner Märchen zu ergänzen.

Auch im Vogelweidhof, einer Wohnhausanlage in der Hütteldorfer Straße 2a/Wurzbachgasse 2–8 im Bezirk Rudolfsheim-Fünfhaus, findet sich Märchenhaftes. Die Anlage, benannt nach dem Minnesänger Walther von der Vogelweide, verfügt über drei Zierbrunnen und zahlreiche verspielte Dekorationen. Wegen der Deckenfresken in den Lauben, die Darstellungen von Handwerkern im Märchenkontext zeigen, wird das Haus auch „Märchenhof" genannt.

Ein märchenhaftes Rätsel offenbart sich Eingeweihten im Tierpark Schönbrunn, und zwar im Pavillon, den Franz I. Stephan in die Mitte seiner Menagerie setzen ließ. Ein Jahr nach dessen Eröffnung kontrollierte der Kaiser die Fortschritte, die der Akademieprofessor Josef Ignaz Mildorfer bei der Anfertigung des Deckengemäldes machte. Er kam mit seiner Kutsche, gezogen von sechs Lipizzanern und eskortiert von einigen Wachsoldaten, über die Kastanienallee herangefahren. Nach der Begrüßung und einigen Erklärungen verblieb der Monarch über eine Stunde auf dem Gerüst, um den Innenraum der Kuppel aufs Genaueste zu inspizieren. Bisher kannte er nur die Entwürfe, nun sah er die Umsetzung und war begeistert: „Hier ist verschlüsselt alles vorhanden, wonach ich strebe und hoffe, dass es eintrifft, zugleich wird Wissen vermittelt, über das bisher nur wenige verfügen. Alles ist aber so geschickt verpackt, dass es immer drei Möglichkeiten gibt. Man darf also raten." Doch welches Geheimnis steckt nun tatsächlich hinter dem Deckengemälde? In erster Linie geht es um Einweihung und Erkenntnis, das hatte der Regent so in Auftrag gegeben.

Die Feinheiten offenbaren sich allerdings erst, wenn man weiß, worauf man achten muss: So deutet etwa das antike Märchen die

Metamorphosen des Ovid als Illustration der alchemistischen Grundthese, dass alles in der Welt auf ein und demselben Grundelement besteht, auf den Wunsch des Kaiserpaars hin, nach ihrem Lebensende als feinstoffliche Materie verbunden zu bleiben.

Doch bei dem Kunstwerk an der Decke des Pavillons handelte es sich nicht nur um eine Rateaufgabe, sondern es wird mit den Motiven auch um Schutz und Wissen gebeten. Dafür, dass die mystische Kraft der Unendlichkeit die Wünsche des Monarchen erfüllt, hatten die zwei sich kreuzenden Wasseradern im Boden direkt unter dem Kuppelfresko zu sorgen.

Das größte Geheimnis im märchenhaften Bild birgt allerdings der blaue Saphir, der auf einem Balken liegt. Das magische Symbol der Habsburger stellt die Verbindung zu einem höherem Wissen dar.

In Wien gibt es aber nicht nur Spuren deutscher und antiker Märchen, sondern auch des mystischen Orients, beispielsweise das Natursteinrelief „Märchenfiguren aus Tausendundeine Nacht" am Haus Alaudagasse 13 in Wien Favoriten aus dem Jahr 1970. Auf der Fassade des ehemaligen Hotels Meissl & Schaden in der Kärntner Straße 16 wurden bei der Errichtung Ende des 19. Jahrhunderts fünf riesige Mosaikbilder angebracht. Sie zeigen die fünf Weltteile und tragen den märchenhaften Titel „Orient und Okzident". Trotz einer Beschädigung durch Bombentreffer im Zweiten Weltkrieg blieb die Fassade weitestgehend erhalten, wurde sorgfältig ausgebessert und stellt in der Wiener Innenstadt bis heute einen beeindruckenden Blickfang dar.

An einem ehemaligen Geschäftslokal in der Hermanngasse 17 im Bezirk Neubau, in dem sich 1922 der Wiener Tabakwarenhändler Adolf Lichtblau niedergelassen hatte, prangt bis heute ein altes märchenhaftes Hauszeichen. Die orientalische Figur mit

Turban, die an Aladin mit der Wunderlampe erinnert, hält eine Calabashpfeife in den Händen. Das edle Raucherrequisit mit seiner fülligen S-Form und dem trichterförmigen Kopf erinnert an ein Saxofon und wurde aus einem südafrikanischen Flaschenkürbis, der Kalebasse, gefertigt. Ein weiterer Osmane, dieses Mal kampfbereit mit Säbel, befindet sich an der Ecke des Hauses Heidenschuss 3.

Zu den unergründlichen Märchenfiguren aus dem alten Wien gesellen sich mystische Fabelwesen, die zahlreich die Stadt bevölkern. Sie stammen in vielen Fällen aus einer Zeit, in der das Wünschen noch geholfen hat, schauen von Gebäuden auf die Straßen hinab, verbergen sich auf Hauszeichen oder sitzen lauernd auf Mauervorsprüngen. Es handelt sich dabei um Geschöpfe in verschiedenster Gestalt (Menschenähnliche, Tierähnliche oder Mischwesen), die dem Einfallsreichtum oder Glauben des Menschen entspringen. In Wien sind fast ausschließlich fabelhafte Tiere anzutreffen, zumindest in der versteinerten Form.

Schon das Symbol der Monarchie in Österreich ist kein gewöhnlicher Greifvogel, sondern einer mit zwei Köpfen: der berühmte Doppeladler, der das duale Prinzip der Herrschaft verkörpert. Als der Regent Franz II. 1804 das Kaisertum Österreich gründete, das er als Franz I. bis zu seinem Tod regierte, entlehnte er für das Wappen den Doppelader des Heiligen Römischen Reichs. Dort verblieb er bis zur Auflösung der Monarchie nach dem Ersten Weltkrieg im Jahr 1918. Der Adler wurde bereits bei den antiken Völkern verehrt und steht für die Sonne, Lebenskraft und oberste Gottheit. Ihn trifft man in der ehemaligen Residenzstadt häufig, und das nicht nur an öffentlich zugänglichen Gebäuden – so etwa hoch über dem Tor des Jugendstilbaus Westbahnstraße 27–29 im Bezirk Neubau.

Am häufigsten begegnet man in Wien wohl dem geflügelten Löwen, der – anders als im Zusammenhang mit dem Christentum, in dem er als Metapher für das Böse steht – Stolz, Überlegenheit oder Macht verkörpert. Im Jahr 1869 wurden beispielsweise acht geflügelte Steinlöwen als Sinnbild des Evangelisten Markus für den alten Südbahnhof geschaffen, wo sie von den Dachkanten auf Wien hinunterblickten und für den Anspruch Österreichs auf Venedig standen. Im Zweiten Weltkrieg wurde die Station zerstört und sechs der Raubkatzen aus Sandstein gingen zu Bruch.

Von den beiden übriggebliebenen Löwen befindet sich einer im neuen Wiener Hauptbahnhof, der andere steht in der Nähe des ehemaligen Kaiserbahnhofs in Laxenburg. Der Markuslöwe ist bis heute das Symbol der Stadt Venedig.

Ebenso ist das geflügelte Pferd in der Hauptstadt mit seiner langen hippologischen Tradition an vielen Orten anzutreffen – in Form von Skulpturen und Fresken. Pegasos gilt in der Mythologie als Freund und Helfer von Musen und Künstlern. An dieser Stelle sei das Ross mit den weit ausgebreiteten Schwingen auf der Staatsoper genannt.

Auch am Stephansdom haben neben den Gargoyles und anderen Abwehrdämonen zahlreiche Fabeltiere Platz gefunden. Besonders oft sind Drachen und Basilisken dargestellt, beispielsweise im Fries des Riesentors – im Christentum handelt es sich bei beiden Wesen um Abwandlungen der Schlange, die wiederum den Leibhaftigen verkörpern.

Interessant ist aber auch die fabelhaft mystische Tierwelt auf den Schlusssteinen in einigen der Dombögen. Diese Stellen im Hauptknotenpunkt des Rippengewölbes zieren unter anderem ein Einhorn, das sich an die Jungfrau Maria schmiegt, und ein Phönix. Das Einhorn versinnbildlicht im Christentum Jesus, der in den Schoß seiner Mutter heimkehrt, der Phönix ist das Symbol für die Auferstehung.

Im Zusammenhang mit einem Fabelwesen wurde im Zuge der Restaurierung des Riesentors 1996/97 eine Kuriosität entdeckt. Dort kam nach der Entfernung eines Vogel Greifs, der für den starken Glauben steht, ein römisches Relief in Form eines heidnischen Frauenkopfes zum Vorschein. Die sogenannte „Fensterguckerin" war offensichtlich Teil einer Grabstelle gewesen. Der Vogel war nur kurze Zeit nach der Verarbeitung des Grabsteins über dem Frauenkopf platziert worden. Zwei weitere Greife finden sich am Vorbau des Riesentors.

Aber auch im weltlichen Wien finden sich fern von Religion und Glauben viele Fabelwesen.

So sitzt beispielsweise ein Vogel Greif auf dem Sockel eines Fahnenmasts vor dem Parlament, ein weiterer befindet sich neben dem südwestlichen Seiteneingang der Votivkirche. Zudem gab es im 18. Jahrhundert ein Gasthaus mit dem Namen *Zum Vogel Greif* an der heutigen Adresse Kurrentgasse 12, in dem sich damals die Mitglieder des Vereins der Fortschrittsfreunde trafen. Davon zeugt ein steinerner Vogel Greif, der 1730 entstand und, umringt von Putten, auf dem linken Sockel neben dem Barockportal über das Haus wacht.

Es existieren darüber hinaus viele Drachen in der Donaumetropole, auf dem Döblinger Friedhof ist am Grab des österreichischen Historikers Engelbert Mühlbacher auf einer romanischen Säule die Abbildung eines Drachen, der von einem Löwen erlegt wurde, zu sehen.

Zwei Löwenköpfe und darüber zwei ineinander verschlungene Drachenhäupter findet sich hoch oben an der Fassade des Hauses Mondscheingasse 3 im Bezirk Neubau.

Es gibt außerdem eine Drachengasse in Wien, die erstmalig im Jahr 1656 im Zusammenhang mit einem Totenschauprotokoll erwähnt und mit dem Haus *Zum Goldenen Drachen* in Zusammenhang gebracht wurde. Auf dem Grundstück mit der Adresse Drachengasse 2 standen einst fünf kleine Gebäude, darunter das Haus

Zum goldenen Drachen (ab 1707 *Zum großen Drachen*, 1796 *Zu den drei Drachen*) aus dem 13. Jahrhundert, dessen Bezeichnung auf den Besitzer Johann Martin Drach zurückgeht.

Dieses Gebäude war, so steht es im *Fremden-Blatt*, Ausgabe vom 12. April 1866, e*ines der unheimlichsten der Residenz, aus welchem gräßliche Schauer der Vorzeit* hervorwehen. Das heute dort befindliche Drachenhaus ließ 1823–1825 der Bankier Simon Georg Freiherr von Sina erbauen. Laut dem *Fremden-Blatt* geht der Name des Gebäudes allerdings nicht auf den Vorgängerbau, sondern auf folgende Sage zurück: *Der zukünftige Hausherr sandte einst seine Arbeiter aus, um Baumaterial vom Kahlenberg zu holen. Dort angekommen, erblickten die Männer vor der Höhle einen schuppigen Drachen von etwa 27 Fuß Länge, der dort in der Sonne lag und schlief. Der Hausherr beschloss, den Steinbruch von dem Untier zu befreien. Er stellte mithilfe seiner Männer eine Falle auf, fing den Drachen und setzte ihn in Brand, anschließend nannte er sein neues Heim Drachenhaus.*

Auch das Gebäude Singerstraße 4 trug den Namen *Zum Drachen*, später auch *Zum grünen Lindwurm*. Das Hauszeichen, auf dem das Ungeheuer zu sehen ist, befindet sich im Wien Museum am Karlsplatz.

Ein weiteres Fabelwesen dieser Art prangt bis heute über dem Tor des Hauses Steindlgasse 4, das seit 1566 *Zum gülden Drachen* heißt. *Zum goldenen Drachen* ist außerdem der alte Name des Hauses Rotenturmstraße 19. Als heraldisches Symbol für den heiligen Georg und Erzengel Michael sind sie außerdem auf einigen Wiener Bezirkswappen zu finden. Auch das Haus am Fleischmarkt 20–22 hieß *Zum goldenen Drachen*.

Ein besonders großes und realistisch modelliertes Exemplar befindet sich über dem Portal des Hauses Steingasse 15 in einer vergitterten Nische.

Ein deutlicher Hinweis auf die starke Energie, die von diesem Fabelwesen ausgeht, befindet sich in der Michaelerkirche auf einem Pfeiler nahe der Kanzel, auf dem sich ein aus der Zeit um 1220 stammendes Drachenkapitell befindet. Es zeigt zwei Drachen mit ineinander verschlungenen Schweifenden, was die Macht dieses Ortes symbolisiert.

Aber vor allem der Basilisk hat in Wien Tradition. Abseits des christlichen Glaubens, der in dem Geschöpf simplifiziert eine Verkörperung des Bösen sieht, handelt es sich in der Sagenwelt um ein Fabelwesen mit tödlichem Blick, das von einer Schlange oder Kröte aus einem Hühnerei ausgebrütet wurde und meistens als Hahn mit einem Echsenschwanz dargestellt wird. Im Mittelalter war das Tier das Symbol für die Pest.

Laut einer bekannten Sage hauste im Haus Schönlaterngasse 7 im Jahre 1212 ein Basilisk im Hofbrunnen des Bäckermeisters Garhiebl, der von dem mutigen jungen Gesellen Johann ausgetrickst und unschädlich gemacht wurde. Aus Liebe zum Dienstmädchen Anna, das er heimlich verehrte, stieg er hinab und hielt dem Untier einen Metallspiegel vors Gesicht, das daraufhin vor Schreck über seine eigene Abscheulichkeit zu Stein erstarrte. Ein Fresko an der Hausmauer des Basiliskenhauses zeugt von dieser Heldentat, die bereits 1577 schriftlich dort festgehalten wurde.

Ein weiteres Untier sitzt am Basiliskenbrunnen im Stadtpark und hält dort das Wappen von Basel. Die schweizerische Stadt hat Wien das Bauwerk als Zeichen der Verbundenheit und der gemeinsam ausgetragenen Fußball-WM im Jahr 2008 geschenkt. Von diesem Brunnen hat man insgesamt 49 Stück angefertigt, die zu verschiedensten Anlässen auf der ganzen Welt verteilt wurden. Aus diesem Grund stehen Doubletten des Basiliskenbrunnens aus dem Stadtpark unter anderem in Moskau, Shanghai und im Elsass.

Ein Mischwesen aus Lindwurm und Krokodil wachte in Form eines Hauszeichens über dem Durchhaus Wollzeile 5/Lugeck 5, in dem das Fabeltier einst im Keller gehaust und einen üblen Gestank verbreitet haben soll. Da für „riechen" früher auch das Wort

„schmecken" stand, wurde das Gebäude kurzerhand in Schme-ckender-Wurm-Hof umbenannt. Das alte Hauszeichen befindet sich im Wien Museum.

An der Ostseite des Lainzer Tiergartens im Bezirk Hietzing, begrenzt durch Ghelengasse und Slatingasse, gibt es eine Lind-wurmwiese. Ab dem Jahr 1115 verschwanden an dieser Stelle Männer, Frauen und Kinder – damals erzählte man, dass „im Bauch" einer riesigen Linde ein „giftiger Lindwurm" hauste, der Menschen verspeiste. Auf einer Tafel ist die Legende über das grausame Ungeheuer nachzulesen: *Der reckt die Zung' aus sieben Köpfen raus, und spie aus sieben Rachen Feuer aus. Er fraß den Mann, den Stier, das Kind, die Kuh, die Frau und das Gesind.* Ein Gottes-diener aus St. Veit hat das Teufelsvieh „geräuchert und besprengt" *und durch des Exorcismus Macht, hat er es glücklich umgebracht.*

Und dann gibt es in Wien auch noch Einhörner, die einigen Häuser ihren Namen gaben, etwa Liliengasse 1, Kramergasse 10, Kumpfgasse 5 und Wollzeile 20. Das mystische Wesen steht für das Gute und verkörpert außerdem den Glauben an die Existenz anderer Universen jenseits der vom Menschen bereits erforsch-ten Welten. Ein ganz besonderes Einhorn befindet sich in der Sammlung der Habsburger: Kaiser Rudolf II. glaubte daran, dass

ihn magische Gegenstände vor Bösem bewahren könnten. Er freute sich daher besonders über das Ainkhürn, das ihm seine Schatzsucher von einer Expedition in die exotische Ferne mit-brachten. Man dachte, es handele sich um den Kopfschmuck ei-nes Einhorns und versicherte dem gutgläubigen Monarchen, die-ses Fundstück würde ihn nicht nur vor Ungemach bewahren, sondern auch allwissend werden lassen.

Tatsächlich handelt es sich bei dem Mitbringsel um einen Narwalzahn, der heute in der Wiener Schatzkammer ausgestellt ist. Ebenso im Besitz von Kaiser Rudolf II. befand sich ein Basi-lisk, den man dem Herrscher verkauft hatte und der heute in ei-ner Ecke des Naturhistorischen Museums in einem mit Spiritus gefüllten Glasgefäß aufbewahrt wird. Das Fabelwesen ist allerdings ein normaler Rochen, der zerschnitten, gefaltet und falsch wieder zusammengenäht wurde, sodass Beine, Flügel und Hörner entstanden. Unter den Nasenlöchern, die aussehen wie Augen, sitzt ein breit lächelndes Maul, das den Betrachter zu verhöhnen scheint.

Eine Reminiszenz an die Antike stellt bei den Fabelwesen die mystische Sphinx dar.

Im öffentlichen Raum entdeckt man das antike Motiv in Form von Skulpturen in der Parklandschaft des Belvederes und auf dem Wiener Zentralfriedhof, außerdem sind auf der Schönbrunner Schlossbrücke gleich zwei zu sehen, die aus dem Jahr 1780 stammen. Zwei weitere Exemplare befinden sich im Garten der Villa in der Gloriettegasse 9 im Bezirk Hietzing, die der Kaiserfreundin Katharina Schratt gehörte – eine der beiden Steindamen trägt die Gesichtszüge der ehemaligen Besitzerin, die andere die der Schauspielerin Charlotte Wolter.

Vermutlich kaum jemandem fällt allerdings auf, dass die den Brunnen vor dem Parlament dominierende Pallas Athene auf ihrem goldgefärbten attischen Helm eine liegende Sphinx trägt.

Ebenso wissen nur wenige Wiener von den vier Sphinxen an der Unterseite der Ankeruhr am Hohen Markt 10–11, die eine Weltkugel mit den Sternzeichen halten.

Medien, Séancen und geisterhaftes Treiben

Ab Mitte des 19. Jahrhunderts war, ausgehend von den USA, in den Wiener Adelskreisen das regelmäßige Abhalten von Séancen ebenso en vogue wie der Gebrauch der französischen Sprache. Im Rahmen der spiritistischen Sitzungen überbrachten Medien Nachrichten aus dem Jenseits – oder gaben dies zumindest vor. Es hieß, diese besonderen Menschen hätten die Fähigkeit, im Trancezustand in die Welt der Toten sehen und hören zu können.

Schon bald erlebte das Geschäft mit der Geisterbeschwörung auch im Volk eine ungeahnte Hochblüte. Es bildeten sich in der ganzen Stadt spiritistische Zirkel, deren Mitglieder dazu verpflichtet wurden, keine Namen zu nennen und nichts über die Vorkommnisse während der Séancen nach außen dringen zu lassen.

Die Sitzungen, die meist in einem der noblen Innenstadtpalais oder gutbürgerlichen Salons stattfanden, liefen in der Regel folgendermaßen ab: Verschwiegene Hausangestellte geleiteten die Teilnehmer nach ihrer Ankunft in einen diffus beleuchteten Raum, wo man ihnen Rauchwaren und Absinth anbot – hin und wieder ließen die Gastgeber auch andere alkoholische Getränke servieren, doch da der grüne Wermut als mystisch galt, erschien er als passende Spirituose bei diesen Treffen.

Auf einem blank polierten Tablett lagen speziell geschlitzte spatelförmige Silberlöffel bereit, die man über das gefüllte Glas legte, auf der Öffnung ein Stück Würfelzucker platzierte und Wasser darüber goss. Erst wenn das Süßungsmittel milchig in den Absinth tropfte, wurde dieser getrunken. Während dieser Zeremonie rauchten die Herren die eine oder andere Zigarre, die Damen führten flüsternd Gespräche, bis es hieß, die Séance könne beginnen.

Sofort nahmen die Teilnehmer Platz, der Diener zündete die Kerzen an, löschte das Licht und verließ den Ort des Geschehens. Das Medium trat in den Raum, wurde ehrfurchtsvoll begrüßt und setzte sich an die Stirnseite des Tisches. Dann fassten sich die Anwesenden an den Händen und konzentrierten sich darauf, den Geist eines Verstorbenen heraufzubeschwören.

Es müssen sich bei diesen Sitzungen gruselige Szenen abgespielt haben, wenn das Medium plötzlich mit fremder Stimme stellvertretend für den herbeigerufenen Toten sprach und sich dabei wie unter großen Schmerzen krümmte. Häufig praktizierte man auch das „automatische Schreiben", bei dem der Mittler in einer Art Trancezustand die Nachrichten aus dem Jenseits notierte. Oder die Teilenehmer legten ihre Finger auf ein beliebiges Objekt, das anschließend über das Ouija-Brett wandern und bestimmte Buchstaben ansteuern sollte, die im besten Fall Antworten auf zuvor an die Geisterwelt gestellte Fragen ergaben. Manchmal wurde auch das „Tischerlrücken" praktiziert, bei dem die Anwesenden ihre Handflächen auf einen kleinen Tisch legten, der auf einem großen Papierbogen stand und dessen viertes Bein durch einen Bleistift ersetzt worden war. Es begann, hin und herzufahren und zu schreiben, sobald das Spukwesen „erschien".

Als Beweis für eine erfolgreiche Kontaktaufnahme mit der Totenwelt und die Anwesenheit eines Spukwesens galten der Austritt von Ektoplasma aus dem Körper des Mediums, Licht- und Geräuschphänomene und sich von allein bewegende bzw. schwebende Gegenstände. Weniger enthusiastische Geisterbeschwörer gaben sich auch mit dem Flackern einer Kerzenflamme zufrieden. Es mag sein, dass bei diesen Séancen jede Menge Alkohol und andere Drogen im Spiel waren und es sich bei den Vorkommnissen um kollektive Sinnestäuschungen handelte, es mag aber auch sein, dass es während dieser spiritistischen Sitzungen tatsächlich zu Jenseitskontakten kam.

Séancen fanden im 19. Jahrhundert in Wien nahezu in jedem Palais und in zahlreichen gutbürgerlichen Wohnungen statt, denn wer es nicht erlebt hatte, konnte bei einem der wichtigsten Gesellschaftsthemen jener Zeit nicht mitreden.

Ein sehr bekannter und streng geheimer Spiritisten-Club, zu dem der Zutritt nur schwer zu erlangen war, traf sich regelmäßig in der Wohnung eines reichen Buchhändlers im Haus Kohlmarkt 10. Im diesem „Schwarzen Kabinett" haben die Mitglieder des Vereins regelmäßig die Geister von Verstorbenen gerufen und parapsychologische Experimente durchgeführt – bis sich der Buchhändler erhängte und sich die Gesellschaft auflöste.

Im selben Haus richtete der Illusionist und Zauberkünstler George Homes 1902 ein Panorama mit einer Abnormitätenschau ein und veranstaltete Vorführungen von okkulten Phänomenen – es handelte sich also um eine Mischung aus Museum und Zaubervarieté. Dieser „Salon der modernen Wunder" hatte sich zuvor ab 1890 im Haus Schubertring 7 befunden und war anschließend bis 1901 in die Mariahilfer Straße 1 im Bezirk Mariahilf übersiedelt. Am Kohlmarkt 10 gründete das Ehepaar Homes und Fey später eines der ersten Kinos in Wien.

Beschäftigten sich Habsburger in früheren Zeiten eher mit Magie und Zauberei, begann der Glaube an Spukerscheinungen am Wiener Hof erst mit Elisabeth von Österreich. Die Gemahlin von Kaiser Franz Joseph I. fürchtete sich vor den toten Vorfahren ihres Mannes, weshalb sie in der Hofburg nachts nie allein den Gang betrat, in der sich die Ahnengalerie befand. Andererseits beschwor sie regelmäßig den Geist ihres Lieblingsdichters Heinrich Heine herauf und behauptete, dass sich während des okkulten Rituals ihre Seele mit der seinen vermengte. Zudem versuchte sie, nach dem Selbstmord ihres Sohns Kronprinz Rudolf mit ihm in Kontakt zu treten, um zu erfahren, ob er tatsächlich freiwillig aus dem Leben geschieden war. Mit ihrem Großcousin, König Ludwig II. von Bayern, stand sie nach seinem Tod ebenfalls in spiritistischem Kontakt.

Ihr Sohn Kronprinz Rudolf fürchtete sich grundsätzlich vor allen Phänomenen, die man rational nicht erklären konnte. Anders als seine Mutter Sisi machte er es sich zur Aufgabe, gegen Schwindler im Bereich des Spiritismus vorzugehen, um die Menschen vor Scharlatanen zu schützen. Im Jahr 1882 schrieb er an Moritz Szeps, Herausgeber der Zeitung *Neues Wiener Tagblatt*, mit dem er privat befreundet war: *Die Leute hören nicht gerne die Wahrheit; entweder sind sie aus Dummheit oder aus Mangel an anderen besseren Kenntnissen oder weil es jetzt elegant ist […] Spiritisten geworden; ein großer Teil der Wiener und auch der hiesigen Aristokratie interessiert sich sehr für diese Dinge.*

Im Februar 1884 fasste der Thronfolger, zusammen mit Erzherzog Johann Salvator, den Plan, eines der damals berühmtesten Medien als Hochstapler und Betrüger zu entlarven. Es handelte sich um den Amerikaner Harry Bastian, der als „zweiter Cagliostro" galt und behauptete, im Zuge von sogenannten „Materialisierungssitzungen" Kontakt zur „vierten Dimension" und damit zur Welt der Seelen von Verstorbenen herstellen zu können. Seine zahlreiche und ebenso zahlungswillige Kundschaft glaubte nur allzu gerne, mithilfe des „Meisters" mit ihren toten Angehörigen kommunizieren zu können.

Die beiden Adeligen suchten Verbündete, die sich mit der Materie auskannten, und baten das Künstlerpaar Homes und Fey um Unterstützung. Sie wandten sich vorerst anonym an die Illusionisten und engagierten sie für einige Privatvorstellungen in Wien, die in einer Wohnung in der Seilerstätte stattfanden (in der die Tänzerin Milli Stubel lebte, die Johann Salvator später heiratete und wegen ihr aus dem Haus Habsburg austrat). Erst dort gaben sich die beiden Erzherzöge zu erkennen und bereiteten sich gemeinsam mit Georg Homes und seiner Ehefrau vor. Anschließend trafen sie sich mit Harry Bastian und baten ihn um eine Demonstration, damit sie sich einen Eindruck von seiner Vorgehensweise verschaffen konnten. Schließlich wurde im Februar 1884 in der Privatwohnung Johann Salvators in der Wollzeile 40 (heute Dr.-Karl-Lueger-Platz 2) die Séance abgehalten, mit der man das selbst ernannte Medium bloßstellen wollte. Anwesend war unter anderem auch Lazar von Hellenbach, selbst einer der bekanntesten Okkultisten Wiens und Mitglied im bekannten Spiritisten-Club vom Kohlmarkt 10, außerdem ein großer Fan von Harry Bastian.

An diesem Abend schnappte die Falle zu. Während der Betrüger vorgab, im Nebenraum in Trance zu fallen und sich plötzlich nacheinander Geister zu materialisieren begannen, erhoben sich Rudolf und Salvator und zogen an einer verborgenen Schnur. Damit schlossen die beiden mittels eines zuvor extra für diese Vorstellung installierten Schnappmechanismus die Verbindungstür zum Kabinett und *statt des Geistes hielten die beiden fürstlichen Personen die schlotternde Gestalt Bastians fest, der allerdings geisterhaft bleich dastand, ohne ein Wort hervorzubringen. Er trug wie früher den schwarzen Frack und die weiße Cravate, aber es fehlten ihm die Stiefeletten, und seine Füße steckten nur in Socken. Sie Stiefeletten waren jedoch nicht in das Geisterreich gefahren, sondern standen ruhig im Nebenzimmer, wo Herr Bastian sie abgelegt hatte, da die Geister, die er ruft, nur in Socken marschiren.* Auf diese Weise kommentierte *Das interessante Blatt* in seiner Ausgabe vom 21. Februar 1884 die Ereignisse.

Der amerikanische Hochstapler raffte jedenfalls in Windeseile seine Sachen zusammen und verschwand umgehend aus der Wohnung und aus Wien.

Ganz wie ihre Großmutter und anders als ihr Vater Kronprinz Rudolf war Elisabeth Petznek schon in jungen Jahren fasziniert von paranormalen Phänomenen und Geisterbeschwörungen. Ab etwa 1915 stand sie in engem Kontakt mit dem deutschen Mediziner und Spiritisten Albert Freiherr von Schrenck-Notzing, der sie in Kontakt mit der burgenländischen Magd Wilma Molnar brachte, die über telekinetische Fähigkeiten verfügte.

Die „rote Erzherzogin" holte das Mädchen zu sich auf das Schloss Schönau, wo schon kurz nach dessen Ankunft auf unerklärliche Weise Geschirr durch die Gegend flog und Kartoffeln auf dem Boden tanzten. Elisabeth war bald mit den paranormalen Vorfällen überfordert und lieferte Wilma in einem Nonnenkloster ab, wo sich die Spur der Magd verlor.

Schloss Schönau galt aber auch noch danach als Hotspot des Spiritismus, da Elisabeth Petznek dort regelmäßig Séancen stattfinden ließ. Ein Grund dafür dürfte der Tod ihrer großen Liebe Egon Lerch gewesen sein, der als Linienschiffsleutnant im Ersten Weltkrieg in einem U-Boot ums Leben gekommen war. Später verlagerte Elisabeth ihren Wohnsitz in ein Palais in der Linzer Straße 452 im Bezirk Penzing, in dem fortan regelmäßig spiritistische Sitzungen stattfanden. Einmal, so heißt es, sollen sich Kronprinz Rudolf und seine Mutter Sisi durch Klopfzeichen bemerkbar gemacht haben.

Auch Zita von Bourbon-Parma, die Gattin des späteren Kaisers Karl I., hatte mit Verstorbenen zu tun – allerdings wollte sie keine Geister heraufbeschwören, sondern wäre diese gern losgeworden. Sie lebte mit ihrer Familie 1913/14 im Schloss Hetzendorf wo sich sonderbare Dinge zutrugen.

Aus jener Zeit sind einige schriftliche Aufzeichnungen von Zita erhalten geblieben, etwa Notizen zum Einzug in ihr neues

Schloss Hetzendorf

Zuhause: *Im Januar 1913 bezogen Carl und ich mit dem damals 2 Monate alten Otto Schloß Hetzendorf. Das Schloß ist wunderschön gelegen, es gibt keinen Mißton in Stil oder in der Einrichtung, es verfügt auch über alle modernen Einrichtungen und Bequemlichkeiten. [...] Der wunderschöne Garten ging in die Landschaft hinaus, man dachte gar nicht daran, daß man in der Stadt lebte. [...]*

Doch schon bald ließ die erste Euphorie nach und Zita äußerte beispielsweise über das Gästezimmer: *Dieses Zimmer hätte ich nicht gerne, [...] hier spukt es womöglich.*

Im Herbst 1913 hielt sich Sixtus von Bourbon-Parma bei seiner Schwester im Schloss Hetzendorf auf. *Aus irgendeinem Grund konnte er in dem ihm zugewiesenen Gästezimmer nicht schlafen. Und wenn er einmal einschliefe, dann wachte er mit einem Schlag auf und* hatte dabei das Gefühl, daß ihn jemand beobachte. […] Sixte hatte uns damals allerdings nicht erzählt, daß es in den Nächten im Gästezimmer „spektakle", rauschte und eine Menge anderer Geräusche gegeben hat.

Auch Zitas Schwester Antonia wohnte ein paar Wochen in dem besagten Zimmer. Sie berichtete: „Türen wurden geschlagen, überall war Rauschen und Seufzen zu hören."

Auch Zita selbst nahm nachts immer wieder lautes Poltern auf den Gängen sowie Schritte und Stampfen in den verschiedenen Räumen wahr. Über einen Besuch im hauseigenen Bethaus schrieb sie beispielsweise: *Kaum war ich im Oratorium angelangt, hörte ich unter mir in der Kapelle Rosenkranz-Beten. […] Dann rief ich etwas lauter und noch einmal, bekam aber wieder keine Antwort. Ich betete weiter, als plötzlich auch wieder der Rosenkranz unter mir zu raspeln begann. Die Beterin seufzte und schnorchelte ihre Tränen herauf.*

Auf Zitas Nachfrage beteuerten alle zu der Zeit im Schloss Anwesenden, sich nicht in der Kapelle aufgehalten zu haben, außerdem war die Türe versperrt. Zita erwähnte häufiger, dass sie sich vor Geistern einerseits fürchte, sie ihr andererseits aber auch leid taten. Zu den Vorkommnissen im Schloss notierte die Kaiserin einige Jahre nach ihrem Auszug: *Trotzdem* [obwohl die Wirtschafterin „Fräulein Löw" die Kapelle immer besonders gewissenhaft versperrte] *konnte man abends vom Oratorium aus stets das Seufzen der armen „Schnurchlerin" hören. Ich frage mich oft, ob sie heute noch seufzt?*

Nach dem Zusammenbruch der Monarchie gelangte das Gemäuer in den Besitz der Republik Österreich. Das Hauptgebäude wurde 1918 geschlossen, die Nebengebäude an Kriegsinvalide und Künstler vermietet. Seit 1946 sind in den ehemaligen Wirtschaftstrakten die Modeschule sowie die Modesammlung des Historischen Museums der Stadt Wien, die das Schloss 1987 gekauft hat, untergebracht.

Geisterbeschwörungen erlebten ab ca. 1915 eine zweite Hochblüte – die Faszination am Paranormalen kannte keine Grenzen
und erfasste neuerlich alle Bürgerschichten und Gesellschafts-
kreise. Einer der Gründe war der Erste Weltkrieg, in dem viele
Männer ihr Leben gelassen hatten, deren Ehefrauen auf irgend-
eine Weise mit ihnen Kontakt aufnehmen wollten. Ein anderer
Grund für die Sehnsucht nach Jenseitskontakten war, dass ein
Großteil der Bevölkerung in dieser wirtschaftlich schwierigen
Zeit kein einfaches Leben hatte. Zudem befand sich die Gesellschaft im Umbruch und die Menschen haben nach Erklärungen
und dabei Zuflucht in abstrakten Situationen gesucht. Es bestand außerdem die Hoffnung, dass sie nach dem Tod alle Sorgen
los wären und unbeschwert existieren konnten, was sie durch die
Fragen an Verstorbene in Erfahrung bringen wollten.

Das Interesse am Spiritismus machte auch vor der Wissenschaft nicht halt und schon bald hatten sich einige der hellsten
Köpfe Wiens zusammengeschlossen und es sich zur Aufgabe gemacht, Übersinnliches nicht nur selbst zu erfahren, sondern auch
zu beweisen. Die technischen Fortschritte unterstützen die geisterhaften Forschungen und so entwickelten sich einige Methoden, mit denen man die Anwesenheit überirdischer Erscheinun-
gen für die Nachwelt erhalten wollte.

Damals entstand beispielsweise die Geisterfotografie, bei der
man auf verschiedensten Aufnahmen angeblich Verstorbene sah.
In Wirklichkeit handelte es sich dabei um Personen, die bei einer
langen Belichtungszeit kurz in den Bildraum getreten waren und
später auf dem Bild als Schatten oder schwach erkennbare Gestalt erschienen.

Die anfänglich zufälligen Doppelbelichtungen entwickelten
sich schon bald zu gefragten Kuriositäten, weshalb sie in der Folge absichtlich hergestellt und teuer verkauft wurden.

Auch in Wien existierten Aufnahmen von vermeintlichen Geistern, die man teilweise an Fotografen zur Begutachtung geschickt hatte, um zu prüfen, dass es sich um keine Fälschung handelte. Festgehalten hat man diese Untersuchungen der Profis, die hin und wieder tatsächlich einen Betrug ausschließen konnten, in der *Wiener Freien Photographischen Zeitung* und der Zeitschrift *Photographische Correspondenz*.

Im Jahr 1896 schaffte es ein Bericht über diese spiritistische Methode zur Sichtbarmachung paranormaler Phänomene sogar in die *Wiener Allgemeine Zeitung*, Ausgabe vom 1. Februar, und wurde dort als Schwindel entlarvt. In jener Zeit hatte man sich durch die Erfindung der Röntgenstrahlen mehr Klarheit in diesem Bereich des Okkultismus und Aufklärung durch Experten erhofft, doch in diesem Fall hieß es in dem Artikel nur vage: *Man sieht auf den geisterhaften Abbildungen gewöhnlich eine schattenhafte Figur, in Linnen, das traditionelle Costüm aller Gespenster gehüllt; die Porträts gleichen vielleicht ein wenig den Personen, deren Geist sie darstellen, aber man unterscheidet an ihnen kein Skelett und die Partien des Körpers sind nicht kräftiger hervorgehoben, als die übrigen. Den von Röntgen erhaltenen Abbildungen des Knochengerüsts sind diese Photographien nur wenig ähnlich.*

Am interessantesten, so hieß es in dem Blatt, wären die von dem Erfinder der Schattenkreuzröhren, Sir William Crookes, selbst erzeugten Geisterfotografien. Der Physiker lichtete wiederholt eine angeblich Verstorbene ab, es stellte sich jedoch bald heraus, dass der Wissenschaftler seine Aufnahmen retuschiert und Fälschungen unter die Leute gebracht hatte.

Im Jahr 1886 gründeten der deutsche Mediziner Albert Freiherr von Schrenck-Notzing und sein Landsmann, der Philosoph und Okkultist Carl du Prel, in München die „Psychologische Gesellschaft". Dort führten die Männer Untersuchungen zur Hypnose und zur Telekinese durch und galten bald als Pioniere der Parapsychologie.

In Wien entstand Anfang des 20. Jahrhunderts eine ähnliche Vereinigung mit Interesse an okkulten Phänomenen, zu der Intellektuelle aus allen möglichen wissenschaftlichen Richtungen gehörten, die sich „Wiener Kreis" nannte.

Moritz Schlick, einer der führenden Philosophen jener Zeit, stieß 1922 dazu und entwickelte sich zu einer Art Leitfigur, weshalb dieser Zusammenschluss Gelehrter ab 1924 auch „Schlick-Zirkel" genannt wurde. Die Geisteshaltung der Mitglieder war der logische Empirismus, demzufolge alles Wissen auf Sinneserfahrungen beruht. Einige Gruppenmitglieder führten auch Experimente in verschiedensten Bereichen der Parapsychologie durch, hatten es sich aber ebenso zur Aufgabe gemacht, Schwindler zu entlarven. Sie trafen sich wöchentlich in einem Institut der Wiener Universität in der Boltzmanngasse 3–5 im Bezirk Alsergrund, das vom Physiker Hans Thirring geleitet wurde, der den Versuchen oft aus Interesse beiwohnte.

Im Juni 1936 wurde Moritz Schlick auf der sogenannten Philosophenstiege im Gebäude der Universität von einem ehemaligen Studenten durch vier Schüsse getötet. Der junge Mann war voll geständig und gab an, durch die antimetaphysische Philosophie seines Professors in seiner moralischen Überzeugung verunsichert worden zu sein, wodurch er seinen lebensweltlichen Rück- und Zusammenhalt verloren hätte.

Der Täter zeigte keinerlei Reue und wurde zu zehn Jahren Haft verurteilt, allerdings bereits 1938 von den Nationalsozialisten vorzeitig auf Bewährung freigelassen. Im selben Jahr löste sich aufgrund der Emigration fast aller noch verbliebenen Mitglieder nach dem „Anschluss" die Vereinigung auf.

Seit 1993 erinnert folgende Inschrift im Steinboden eines Treppenabsatzes der Philosophenstiege der Universität an den

Gelehrten: *Moritz Schlick, Protagonist des Wiener Kreises, wurde am 22. Juni 1936 an dieser Stelle ermordet. Ein durch Rassismus und Intoleranz vergiftetes geistiges Klima hat zur Tat beigetragen.*

Etwa zur selben Zeit, als der „Wiener Kreis" entstand, hatte sich in der Residenzstadt auch eine andere Gesellschaft entwickelt, die sich jedoch weniger aus Akademikern als vielmehr aus Persönlichkeiten der Aristokratie und des Großbürgertums zusammensetzte. Mit dabei war beispielsweise Gräfin Zoe Wassilko von Serecki, spätere Mitbegründerin und langjährige Generalsekretärin der „Österreichischen Gesellschaft für Psychische Forschung", die 1927 entstand (heute „Österreichische Gesellschaft für Parapsychologie", die an der Uni Wien im Bereich „Anomalistik" forschte).

Initiiert hatte diesen Spiritisten-Club im Jahr 1920 der k.u.k.-Hauptmann a.D. Erich von Czernin-Dirkenau, der schon bald von Schrenck-Notzing als „Geschäftsokkultist" verunglimpft wurde, weil er sein Wissen in Form von Vorträgen und Druckwerken verkaufte. Czernin-Dirkenau engagierte die damals bekanntesten „Medien" Europas zur Vorführung der „physikalischen Phänomene", unter anderem den britischen Parapsychologen Harry Price. Der genoss in Österreich allerdings keinen guten Ruf, weshalb die Gruppierung rund um den k.u.k.-Hauptmann immer mehr ins Zwielicht geriet und sich schließlich auflöste.

Im Zusammenhang mit Gräfin Wassilko existiert folgende Geschichte über paranormale Ereignisse: Im Jahr 1925 hatte das zwölfjährige Bauernmädchen Eleonore Zugun aus der rumänischen Bukowina Kleingeld am Straßenrand gefunden und Süßigkeiten davon gekauft. Zu Hause erzählte sie ihrer Großmutter davon, die wütend wurde und behauptete, die Münzen hätten böse Geister hinterlegt, um sie in Versuchung zu führen.

Am folgenden Tag begann es in dem ärmlichen Haus der alten Leute zu spuken, es fielen Gegenstände zu Boden und Steine flogen von draußen durch das Fenster in die Stube. In der Ortschaft munkelte man, dass sich das Mädchen mit der Verwendung des Geldes Dracu verschrieben hatte, dem Vater von Dracula, und damit einem Teufel oder Dämon.

Die Großeltern schickten ihre Enkelin zurück zu Vater und Mutter nach Talpa, doch dort ging der Spuk munter weiter. Auch der Gemeindepriester konnte nicht helfen, weshalb die Eltern Eleonore ins Kloster brachten und sie einem Exorzismus unterzogen wurde. Auch Ermittler der Universität Czernowitz reisten an, um den Fall zu untersuchen – letztlich standen sowohl Priester als auch Wissenschaftler den Vorfällen ratlos gegenüber, erklärten das Mädchen für geisteskrank und sperrten es in eine Irrenanstalt.

Schon bald war die Nachricht über diese mysteriösen Ereignisse in Europa angekommen. Aus Berlin machte sich der Geisterforscher Fritz Grunewald auf den Weg, um dem Phänomen auf den Grund zu gehen. Nachdem er während seiner Untersuchung einen Herzinfarkt erlitten hatte, kam der nächste Besuch aus Wien: Gräfin Zoe Wassilko von Serecki entstammte einem in der Region ansässigen Grafengeschlecht, weshalb sie höchsten Respekt in Talpa genoss. Sie erlebte während ihrer Anwesenheit zahlreiche paranormale Phänomene und nahm daraufhin Eleonore
mit nach Wien.

Dort lebte das Kind acht Monate lang mit der Adeligen in der Wohnung in der Josefstädter Straße 34 im Bezirk Josefstadt, während sich ein Studienkreis formierte, um die weiterhin auftretenden Phänomene zu dokumentieren. Im Jahr 1926 brach die Gräfin mit der mittlerweile 13-Jährigen zu einer fünfmonatigen Studienreise auf. Zwischenzeitlich hatte sich die Art der Vorfälle verändert – es flogen seltener Gegenstände durch die Gegend, dafür traten immer häufiger Biss- und Kratzspuren im Gesicht und an den Armen des Mädchens auf. Während der Tour durch Europa wurden mehrere hundert Menschen, darunter angesehene Wissenschaftler, Zeugen der geisterhaften Attacken auf Eleonore. Der Fall des Mädchens, das die britische Presse „Poltergeist Girl" nannte, erregte internationale Aufmerksamkeit und gilt als eines der bestdokumentierten paranormalen Phänomene aller Zeiten.

Als Eleonore erwachsen wurde, endeten die geisterhaften Vorfälle schlagartig. Sie schloss in Wien die Ausbildung zur Frisörin ab und kehrte anschließend zurück nach Rumänien, wo sie heiratete und glücklich lebte, ohne jemals wieder von Geistern attackiert zu werden. Als Folge des „Spuks von Talpa" entstand die bereits erwähnte „Österreichische Gesellschaft für Psychische Forschung".

In Wien gab es auch noch das Parapsychologische Institut des Polizeijuristen Edmund Otto Ehrenfreund und des Gerichtssachverständigen Leopold Tennenbaum, die sich Dr. Ubald Tartaruga und Dr. Leopold Thoma nannten. Auch diese beiden Herren äußerten sich kritisch gegenüber dem geschäftstüchtigen Czernin-Dirkenau, der die Ergebnisse seiner Experimente öffentlich machte.

Thoma wiederum geriet ins Kreuzfeuer der Kritik, als er 1923 den Film „Landru, der Blaubart von Paris oder wie man Frauen betört" zum Anlass nahm, um sich als selbst ernannter Kriminalpsychologe mit Doktortitel wichtig zu machen. Die österreichische Produktion unter der Regie von Hans Otto Löwenstein thematisierte das Leben des französischen Serientäters Henri Désiré Landru, der während des Ersten Weltkriegs zehn Frauen getötet hatte und 1922 durch die Guillotine hingerichtet worden war. Thoma sprach in einem Vortrag über Verbrechen aus Liebe und „moderne Frauenbetörung und ihre Methoden" und verwendete dabei die Tagebucheinträge des deutschen Frauenmörders Carl Grossmann sowie Diapositive von Originalaufnahmen aus dem Prozess Landru.

Es folgte ein von ihm geschriebenes Stück mit der Bezeichnung „Sie sind eine entzückende Frau – eine dramatische Verbrecherstudie in einem Akt", in dem ein Schauspieler seine Kollegin vor den Gefahren von Straßenbekanntschaften warnte. Für Thoma tat sich damit auf diesem Gebiet eine kommerziell rentable Marktlücke auf und so entstand eine neue Filmreihe, die der Gerichtssachverständige als „kriminal-psychologische cineastische Experimente" bewarb. Er wollte dabei das Publikum als „Tatzeugen" heranziehen und bei der Aufklärung der von ihm aufbereiteten Fälle mitwirken lassen … und schuf damit einen Vorläufer der erfolgreichen Sendung „Aktenzeichen XY ungelöst". Thoma verwendete Aufnahmen von Hypnose-Experimenten, ein Gebiet, auf dem er schon davor tätig gewesen war.

Er hatte bereits 1919 im Rahmen eines Vortrags mit dem „Amateurtelepathen" Rudolf Groß Kontakt gehabt und daraufhin unter der Assistenz einiger Mediziner eine kriminalistische Séance inklusive erfolgreicher Suggestions-Demonstrationen abgehalten.

Doch schon bald erntete der anfangs hochgelobten Thoma nur noch Spott und Hohn, wurde mit Begriffen wie „Pseudotelepath" und „Telepatzer" bezeichnet und in den Bereich manipulative Unterhaltung verschoben. Er wanderte 1929 nach Berlin aus, wo er wieder in der Filmbranche tätig war und sich weiter mit Hypnose beschäftigte – teilweise auch recht werbewirksam, wie der Bericht über einen Auftritt im Londoner Zoo von 1936 beweist, bei dem er den sechsjährigen Schimpansen Peter in Trance versetzte. Doch so richtig ernst nahm den einst angesehenen Gerichtssachverständigen wohl niemand mehr.

Wunder und Aberglaube

Als Wunder gilt ein Ereignis, das mit Vernunft nicht zu erklären ist, jeder menschlichen Erfahrung widerspricht und – scheinbar oder tatsächlich – die Naturgesetze auf den Kopf stellt. In der philosophischen Metaphysik und der christlichen Theologie wird auch auf eine höhere Macht oder das Eingreifen einer Gottheit verwiesen, die auf mystische Weise kausale Gesetze außer Kraft setzen. Neben den Wundern, die Jesus von Nazareth vollbracht haben soll, finden sich ähnliche Ereignisse in Heiligenlegenden, etwa die Austreibung böser Geister oder die Heilung Kranker.

Besonders im ländlichen Raum, in dem der Glaube noch Berge versetzen kann, trifft man in Österreich mancherorts auf mit Logik und Verstand nicht nachvollziehbare Vorkommnisse – eine verschwindend geringe Menge allerdings im Vergleich mit den Mysterien in den USA, Südamerika, Indien, Spanien und natürlich Italien.

Wunder fanden oft in Kirchen statt, die sich anschließend zu Pilgerstätten Leidender und Frommer entwickelten. Kam es allerdings außerhalb eines Gotteshauses zu einer Marienerscheinung, Spontanheilung oder ähnlich Unerklärbarem, hat man anschließend eine Wallfahrtskirche an dem Ort errichtet.

Schon die Römer, auch aus Vindobona, suchten aus spirituellen Gründen häufig ferne Tempel auf und die Germanen unternahmen „Waldfahrten" zu heiligen Hainen (was mit der Christianisierung ab etwa dem 6. Jahrhundert aber verboten wurde). Symbolisch gesehen ist eine solche Reise vor allem dafür gedacht, den Menschen in einen anderen persönlichen Seinszustand zu versetzen (Läuterung, Erkenntnis, Bekehrung …), und hat vor allem eine hohe moralische Bedeutung. Manche Pilger glauben auch daran, dass übernatürliche Mächte ihre Kraft an den Zielorten besonders stark entfalten können. Nicht selten nehmen sich heute Wallfahrer aber auch nur eine Auszeit vom stressigen Alltag und genießen auf ihrem Weg den Austausch mit Gleichgesinnten, um Kraft zu tanken und Inspiration zu finden. In Österreich finanzieren rund 40 Millionen Pilger jährlich die Erhaltung der religiösen Stätten und Orte.

Doch nicht nur in idyllischen kleinen Gemeinden in den Bundesländern, sondern auch in Wien gab es trotz aller urbaner Skepsis einige Wunder, die diese Bezeichnung tatsächlich verdienen.

In Hietzing wurden während der Ersten Türkenbelagerung zahlreiche Bewohner von den osmanischen Truppen misshandelt, getötet oder verschleppt. Vier Männer hat man an einen riesigen Baum nahe dem Gotteshaus gekettet, wo sie sich in ihr Schicksal ergaben und nur darauf warteten zu sterben. Der Baum befand sich auf einem ehemaligen heidnischen Kultplatz, auf dem bereits im 13. Jahrhundert eine Kapelle errichtet worden war. In seiner Krone hatten die Hietzinger Bürger eine Muttergottesstatue versteckt, um sie vor Diebstahl zu schützen. Während die Gefangenen um ihr Leben bangten, erschien die heilige Maria und sprach „Hüet's eng" (Hütet euch), wovon sich laut Volksetymologie der Name Hietzing ableitet.

Die Erscheinung begann zu leuchten und sprengte die Fesseln der Männer, die sich daraufhin in Sicherheit vor den Türken bringen konnten. Diese mysteriöse Errettung ist im Mittelaufbau des Hochaltars der Ende des 17. Jahrhunderts errichteten Pfarrkirche dargestellt. Bei deren Inneneinrichtung wurde Holz von dem Baum verarbeitet, in dessen Krone die Muttergottesstatue versteckt gewesen war. Bei den Wundern, die bei dieser Wallfahrtskirche nach ihrer Errichtung geschahen, handelte es sich beispielsweise um erhörte Gebete und geheilte Krankheiten. Zu den regelmäßigen Besuchern dieses Gotteshauses in Hietzing zählten unter anderem die Kaiser Ferdinand II., Ferdinand III. und Leopold I. sowie Maria Theresia.

Bis zur Hernalser Kirche fanden ab dem Jahr 1639 jeden Freitag vor dem Palmsonntag Wallfahrten vom Stephansdom auf einem Kreuzweg mit den sieben Leidensstationen Christi statt. Bei diesen pompösen Prozessionen auf dem Kalvarienberg befanden sich Ordensgeistliche mit weißen Fahnen an der Spitze, gefolgt von Schülern der Jesuiten mit Bildern, roten Fahnen und brennenden Kerzen. Dahinter schritten der Klerus von St. Stephan, der Kaiser mit seinem Hofstaat und anschließend die gläubigen Bürger. Kaiser Ferdinand III. legte damals den Grundstein zur Heiliggrabkapelle, die am Endpunkt nach dem Urbild von Jerusalem errichtet wurde. Es ist überliefert, dass sich auf dem Weg zahlreiche mysteriöse Ereignisse zugetragen haben, unter anderem wurden Unfälle im letzten Moment auf wundersame Weise durch eine unsichtbare Macht verhindert.

Nach der Zerstörung des Kalvarienbergs während der Zweiten Türkenbelagerung baute man ihn rund um die Hernalser Kirche wieder auf, denn diese war als einzige Station erhalten geblieben. Dort findet man heute auch die Bilder, die früher entlang des Kreuzwegs aufgestellt waren.

Natürlich kann auch der Stephansdom selbst mit einem Wunder aufwarten, zumindest mit dem Symbol für eine unerklärliche Begebenheit, die sich einst in Ungarn zutrug. Es handelt sich dabei um die ostkirchliche Ikone Maria Pócs, „die weinende Madonna", die sich auf dem Altar im südwestlichen Eckbereich des Langhauses befindet. Das Bild wurde 1676 im heutigen Mariapócs (dt. Pötsch), gemalt, wo der 20-jährige Bauernsohn

Ladislaus Csigri den Auftrag dazu erteilte. Der junge Mann war als Achtjähriger in türkische Gefangenschaft geraten, konnte aber wie durch ein Wunder gerettet werden und wollte dieses Ereignisses mit einem Bildnis der Gottesmutter gedenken. Der Maler Stefan Papp übernahm den Auftrag für sechs ungarische Gulden. Die Eltern des jungen Csigri wollten den Kaufpreis für das fertige Gemälde jedoch nicht bezahlen, da ihr Sohn die Bestellung ohne deren Wissen aufgegeben hatte.

Daraufhin übernahm der wohlhabende Landwirt Laurenz Hurta die Bezahlung und schenkt das Bild der Pfarrkirche in Mariapócs. Zwanzig Jahre lang hing das Gemälde unbeachtet in dem kleinen Gotteshaus, bis plötzlich ab 4. November 1696 über zwei Wochen lang Tränen aus den Augen der Maria flossen, was auch danach immer wieder geschah. Das Phänomen wurde von vielen Zeugen bestätigt, unter anderem auch von österreichischen Soldaten. Es entstand ein großer Zulauf zu dem Bildnis, dessen Tränen als heilend galten und aufgefangen wurden, nachdem ein sterbendes Kind, als es der Pfarrer zu dem Gemälde emporgehoben hatte, wieder gesund geworden war.

Die geheimnisvollen Vorkommnisse wurden sowohl von dem österreichischen Feldmarschallleutnant Graf Johann Andreas Corbelli als auch von kirchlichen Würdenträgern untersucht und durch eine bischöfliche Untersuchungskommission für übernatürlich erklärt.

1697 ließ Kaiser Leopold I. die weinende Madonna auf Wunsch seiner Gattin Eleonore Magdalena nach Wien bringen. Die Ikone wurde über dem Tabernakel auf dem Hochaltar des Stephansdoms aufgestellt und mit einer diamantenen Rose geschmückt; man nannte sie „Rosa mystica".

Das Dorf Mariapócs erhielt im Jahr 1707 eine originalgetreue Kopie des Gnadenbildes, das dort wieder verehrt wurde und 1715 bzw. 1905 erneut Tränen weinte. Das Phänomen wurde noch einmal untersucht und durch eine bischöfliche Kommission

Die Ikone Maria Pócs

ebenfalls für übernatürlich erklärt, was Papst Pius XII. in einem apostolischen Schreiben 1948 bekräftigte.

Das Wiener Original hat jedoch nie mehr auch nur eine einzige Träne vergossen. Andere Quellen behaupten, die Madonna hätte Ende des 17. Jahrhunderts noch einige Male im Angesicht einer drohenden Gefahr für Wien geweint.

Auch im Prater gibt es eine Wallfahrtskirche. Im 19. Jahrhundert stand am südöstlichen Ende der Hauptallee nahe dem Lusthaus eine Volksschule, die auf einem ehemaligen Kultplatz der Kelten erbaut worden war. Die nächste Kirche befand sich in großer Entfernung, weshalb ein Lehrer ein geweihtes Marienbild an einen Baum hing und dort mit seinen Schülern den Religionsunterricht abhielt. Schon bald nutzten auch Erwachsene den Ort als Waldandacht und behaupteten, sie würden die Anwesenheit der Muttergottes vor ihrem Bildnis am Baum körperlich wahrnehmen. Es ist Anfang des 20. Jahrhunderts auch ein Wunder an dieser Stelle, die schon die Kelten als heilig betrachteten, geschehen: Ein kleiner Junge, der von seinen Eltern in den kleinen Hain gebracht worden war, litt an einer schweren Lungenentzündung und wurde zwischen den Bäumen von seiner lebensbedrohlichen Krankheit geheilt.

1911 ließ ein frommer Gastwirt nicht weit von dem Marienbild entfernt eine Marienstatue aufstellen, die ebenfalls Gläubige anzog, die ihrerseits Heiligenbilder an den umgebenden Bäumen anbrachten. Schon bald sah sich die Praterverwaltung allerdings gezwungen, diese zu entfernen, damit sie die Pflanzen nicht nachhaltig schädigten. Es wurde daher 1924 die kleine Kirche Maria Grün errichtet, deren Name signalisierte, dass sie den Katholiken anstatt der Waldandacht mit dem Bildnis der Maria im Grünen zur Verfügung stand. Da sie ebenfalls als starker Kraftort gilt, wurde sie bald zur Wallfahrtskirche. Es gibt dort auch einen Kreuzweg, geweiht 1935, mit einer Darstellung des Heiligen Grabes in einer Grotte und ein Ölberg-Relief.

Ein starker Wasserkraftort, markiert durch die bizarren Verformungen umstehender Bäume, soll sich auf der Jägerwiese am Fuß des Hermannskogels befinden: das Agnesbründl, benannt nach der Tochter einer Waldfee. Die Quelle ist dafür bekannt, dass sie Wünsche erfüllen und Augenleiden lindern soll. Es ist belegt, dass in früheren Zeiten weltliche Obrigkeit und Klerus Menschenversammlungen beim Bründl regelmäßig zu zerstreuen suchten, um dem herrschenden Wunderglauben im Volk entgegenzuwirken. Vor allem in Frühlingsnächten wurden dort einst Alraunwurzeln im Schein des Mondlichts ins glitzernde Nass getaucht, Marienbilder geküsst und Bänder mit notierten Wünschen um Baumstämme gewunden. Heute kennen diesen Ort nur noch Eingeweihte.

Ein Wunder jüngerer Zeit ereignete sich in einer kleinen mittelalterlichen Wallfahrtskirche in Lainz (Lainzerstraße 154 im Bezirk Hietzing), die seit 1974 der syrisch-orthodoxen Gemeinde gehört. In einer künstlichen Grotte anstelle des ehemaligen Haupteingangs steht eine Marienstatue mit unsagbar traurigem Gesichtsausdruck. Am 8. Mai 2010 befand sich dort eine syrische Frau zum Beten und sah plötzlich Rauch aus der Figur aufsteigen und dass sich ihre Augenlider bewegten. Sie rief den Pfarrer, der ihre Wahrnehmung bestätigte, woraufhin sofort ein Fernseh-Kamerateam geholt wurde. Allerdings wiederholte sich dieses Phänomen bis zur Gegenwart nur selten, trotzdem kommen immer wieder Gläubige aus dem In- und Ausland zur Kirche, um Maria zu bestaunen.

Es ereigneten sich in Wien auch unerklärliche Begebenheiten, die mit den Habsburgern zu tun hatten, etwa in der seit 1783 bestehenden Lutherischen Stadtkirche in der Dorotheergasse 18. Dort hat man 1582 den Grundstein für die Kirche Maria, Königin der Engel gelegt, die gemeinsam mit dem Kloster St. Klara errichtet wurde. Beide Institutionen waren von der österreichischen Erzherzogin Elisabeth, verwitwete Königin von Frankreich, gestiftet worden und befanden sich auf einem riesigen Areal, das sich zwischen Augustinerstraße, Bräunerstraße, Stallburggasse und Dorotheergasse erstreckte. Nach der Aufhebung der Klöster im Jahr 1781 durch Joseph II. eröffnete die erste evangelische Gemeinde in der Kirche das heutige Gotteshaus. Erzherzogin Elisabeth hatte eine Kopie des Lukasbilds, das von dem Evangelisten selbst gemalt worden sein soll, in den Altar der Kirche integrieren lassen. Es hatte eine besondere Bedeutung für die Habsburgerin: Das Gesicht der dargestellten Maria ist bei Gefahr für die Familie angeblich erblasst. Heute hängt das Bild, das auf so wundersame Weise bei bedrohlichen Ereignissen die Farbe änderte, in der Augustinerkirche.

Weitere für den Verstand nicht rational erklärbare Vorkommnisse stehen mit „heiligen Brünnln" in Verbindung, von welchen es auch ein Wien einige gibt. Sie entstanden aus einem keltischen Quellheiligtum mit Brunnen, beispielsweise Mariabrunn. Der Legende nach soll dort die kranke heilige Gisela im 11. Jahrhundert in der Quelle eine Marienstatue gefunden haben und nach dem Genuss des Wassers genesen sein. Die „Maria im Brunnen" kam in eine an dem Ort errichtete Holzkapelle, später in die Schlosskapelle Purkersdorf und danach in die damalige Pfarrkirche Weidlingau. Beim Ungarneinfall 1477 wurde sie in die Quelle geworfen, ein paar Jahre später wiederentdeckt und ihr eine neue Kapelle errichtet, zu der Wallfahrten bereits ab 1610 stattfanden. Aus diesem kleinen Gotteshaus entstand 1655 die heutige Wallfahrtskirche Mariabrunn.

Im Jahr 1713 grassierte die Pest in Wien und bedrückte auch die Bevölkerung der damaligen Alservorstadt. Die Gläubigen der dort ansässigen Pfarre gelobten in diesen schweren Tagen, die von Todesangst und Verlust geprägt waren, eine alljährliche Wallfahrt nach Mariabrunn.

Die Krankheit ging vorüber und traf nur wenige Mitglieder der kleinen Gemeinde. Das Gelöbnis wird seitdem ununterbro-

chen erfüllt – Ende Juni macht sich jährlich eine Gruppe Pfarr-
angehöriger auf den Weg, um in der Wallfahrtskirche Mariabrunn die Votivandacht zu halten.

In nahezu jedem Wiener Bezirk steht mindestens eine Wallfahrtskirche, die an einem Kraftplatz erbaut wurde und die eine
wundersame Legende im Zusammenhang mit einem Marien-
bildnis oder eine Statue zu erzählen weiß. Eine Auflistung von
Wallfahrtsorten und Pilgerstätten sowie Berichte über weitere
Wunder sind in den alten Mirakelbüchern zu finden. Es handelt
sich dabei um schriftliche Aufzeichnungen als bedeutender Bestandteil der Volksfrömmigkeit, verfasst von Gelehrten und Angehörigen des klerikalen Standes.

Wunder gewirkt wurden im christlichen Glauben üblicherweise
von Heiligen, allerdings gibt es auch einen Habsburger, der in diese Kategorie passt. Im Jahr 2004 wurde Kaiser Karl I., der letzte
Kaiser von Österreich, von Papst Johannes Paul II. auf dem Peters-
platz in Rom seliggesprochen. Seine Wundertat bestand darin,
eine brasilianische Nonne von Krampfadern geheilt zu haben.

Ebenso mystisch wie der Glaube ist auch der Aberglaube („Aber-"
im Sinne von „hinter", „nach", „gegenteilig"), stammt er doch
ebenfalls aus einer ganz alten Zeit. Er ist als Annahme der Wirk-
samkeit übernatürlicher Kräfte, gebunden an bestimmte Personen oder Gegenstände sowie an soziale Bräuche und Rituale, bis
heute weltweit in das Leben und Handeln der Menschen integriert. Diese als irrational bzw. unvernünftig geltende Vorstellung
existiert sowohl im kollektiven Gedankengut einer Kultur als
auch als individuelles Denkmuster einer Person.

Der Begriff selbst ist seit dem 13. Jahrhundert belegt und stand
lange Zeit für „falsche", also von der christlichen Lehre abwei-
chende, Glaubensinhalte und -formen. Der Aberglaube, häufig

auch als Volksglaube bezeichnet, wurde daher viele Jahrhunderte lang abwertend als heidnisches, ja sogar ketzerisches Gedankengut bezeichnet. Besonders abgelehnt wird diese Ideologie der Hoffnung auf das Gute und der Angst vor dem Bösen von der Kirche, basiert sie doch auf der Annahme von der Existenz okkulter Mächte.

Viele Fälle von Aberglauben sind in das alltägliche Leben der meisten Menschen integriert, ohne dass sie auch nur die geringste Ahnung davon haben. Zum Beispiel hält man sich beim Gähnen die Hand nicht nur deshalb vor den Mund, weil man es so gelernt hat, sondern laut Aberglauben damit der Teufel nicht durch den geöffneten Mund in den Körper eindringen und die Seele rauben kann. Aber auch das traditionelle Zuprosten beim Trinken in Gesellschaft hat seinen Ursprung im Aberglauben, das Klirren der Gläser soll nämlich böse Geister und Dämonen verscheuchen. Dasselbe gilt auch für Schiffstaufen.

Spuren von altem Aberglauben, die sicht- und erlebbar an die Stadt gebunden sind, finden sich in Wien zuhauf.

Eine davon steht in Zusammenhang mit den „Armesündergässln", durch die eine zum Tod verurteile Person zu ihrer Hinrichtung geführt wurde: Muss man als braver Bürger unbedingt einen solchen Straßenzug benutzen, in dem früher Verurteilte zur Hinrichtungsstätte geführt wurden, sollten sich stets keine oder eine gerade Anzahl von Menschen darin befinden. Betritt man unaufmerksam etwa die Gasse als dritte, fünfte, siebte ... Person, wird einem noch im selben Jahr ein schreckliches Unheil widerfahren. In Wien bezeichnete man die Liliengasse in der Innenstadt und die Weißgerberlände im Bezirk Landstraße als „Armesündergässln", wo man auf den Spuren der einst todgeweihten Menschen im alten Wien wandeln kann – aber bitte nur zu zweit, zu viert, zu sechst, ...

Auch im Stephansdom gibt es eine Spur, die zum Aberglauben führt und mit der heiligen Berührungsreliquie Kolomanistein zu tun hat, über den ebenfalls bereits in einem anderen Kapitel zu lesen war. Seit Hunderten von Jahren legen auf ihn nicht nur Touristen ihre Hände, sondern auch Gläubige, die davon überzeugt sind, dass er sie vor Unwetter, Feuergefahr sowie Kopf- und Fußleiden schützt.

Ein weiterer Aberglaube aus längst vergangenen Zeiten ist mit dem Stephansplatz verbunden: Derjenige, welcher drei Mal um den Stephansdom zu laufen vermochte, ehe die Mitternachtsstunde ausgeschlagen hatte, fand danach einen „Hecktaler" in seiner Tasche. Dieses Geldstück sollte ausgegeben immer wieder in die Tasche des Eigentümers zurückkehren.

Nicht weit vom Dom entfernt liegt der Stock-im-Eisen-Platz, der sich früher außerhalb der Stadtmauern befunden hatte und als Pferdemarkt genutzt wurde. Am Palais Equitable mit der Nr. 3, das für eine amerikanische Lebensversicherungsgesellschaft errichtet wurde, befindet sich in einer Ecknische hinter einer Glasscheibe der „Stock im Eisen". Der 2,19 Meter hohe Stamm einer zweiwipfeligen Zwieselfichte, der über und über mit Metallstiften beschlagen ist, befand sich nachweislich bereits 1548 an einem der Häuser auf dem Platz. Er verdankt seinen Namen allerdings nicht den Nägeln, sondern den fünf schmiedeeisernen Spangen, die ihn stützen. Die Benagelung des Baums hatte bereits begonnen, als er noch lebte, ehe er um 1440 gefällt wurde – der Grund dafür ist nicht bekannt. Es kann sich jedenfalls um keinen Zunftbrauch gehandelt haben, denn die Sitte, dass durchreisende Schmiede und Schmiedegesellen sich mit einem Nagel verewigten, entstand erst im 18. Jahrhundert. Die wahrscheinlichste Erklärung für die Metallstifte ist der alte Aberglaube, dass das Eintreiben derselben in einen Baum Schutz vor Naturkatastrophen, Krankheiten und der Vernichtung durch Feinde verlieh. Ebenso möglich wäre die triviale Nutzung als „Garderobe" für damals auf dem Markt tätige Rosshändler, die auf diese Weise ihre Kleidungsstücke oder auch das Pferdegeschirr an dem Stamm aufhängten.

Ein besonderer Aberglaube ist auch mit Zwergen verbunden, die als Wesen der Unterwelt galten – anders als in der Mythologie, in der sie in Gestalt weiser Schatzhüter über Zauberkräfte verfügten und sich meisterlich auf die Schmiedekunst verstanden. Im Mittelalter fürchteten sich die Menschen davor, dass die kleinen Dämonen nachts neugeborene Kinder austauscht. Um das zu verhindern, musste man bis zur Taufe die ganze Nacht ein Licht neben dem Kind brennen lassen. Waren Eltern der Meinung, ihr Neugeborenes wäre von Zwergen durch einen „Wechselbalg" ersetzt worden, übergossen sie ihn mit heißem Wasser, um den Rücktausch zu erzwingen. Nicht selten starben die Babys während dieser Prozedur, die von der Obrigkeit nicht bestraft und von der Kirche sogar gutgeheißen wurde. Der Aberglaube diente offenbar auch dem Zweck, eine Erklärung für Missbildungen eines Neugeborenen zu finden sowie dadurch einen legitimen Grund zu haben, den Nachwuchs nicht als eigenen annehmen zu müssen und töten zu dürfen.

Weil sich die Angst vor Zwergen lang im Aberglauben hielt, wurden kleinwüchsige Menschen bis ins 19. Jahrhundert der Lächerlichkeit preisgegeben und unterdrückt. In Wien holten sich die Habsburger Liliputaner in ihre Schlösser und liebten es, sie in ihrer Rolle als „Hofnarren" zu beobachten. Man führte sie bei Gesellschaften als „kuriose Gestalten" vor und hat sich von den begeisterten Gästen für den „Besitz" der Winzlinge bewundern lassen.

Im Laufe der Regierungszeit von Maria Theresia fand die Mode der „Hofzwerge" langsam ein Ende und ihr aufgeklärter Sohn Joseph II. fand die Sitte, ungewöhnlich aussehende Menschen vorzuführen, geradezu abstoßend.

Kleinwüchsige traten anschließend vorwiegend als Artistinnen und Artisten im Zirkus und außerdem in Schaubuden auf. Es gab aber auch Schauspieler unter ihnen, die im Theater auf der Bühne standen, etwa im Jahr 1850 der 102 Zentimeter große amerikanische Varietékünstler Charles Stratton im Theater an der Wien. Auch im Ronacher traten damals kleinwüchsige Künstlerinnen und Künstler auf.

Im bereits erwähnten „Präuschers Panopticum" erfreute Mitte des 19. Jahrhunderts der 69 Zentimeter große „Prinz Kolibri" das Publikum. 1911 wurde im Prater außerdem die „Liliputstadt" gegründet, in der die Bewohner von den Besuchern beobachtet werden konnten. Weit mehr Bedeutung erlangte die nächste Liliputstadt, die sich von 1934 bis 1937 nahe dem Praterstern am Beginn der Prater Hauptallee befand und verschiedene Namen trug.

Das *Neuigkeits-Welt-Blatt* vom 30. Mai 1937 berichtete begeistert von der Miniaturstadt im Prater: *Beim „Ponywirt" in der Liliputstadt sitzen alle „dienstfreien" Liliputaner in kleinen Sesseln bei ganz niedrigen Tischerln und erledigen entweder ihre Korrespondenz, natürlich sind es vor allem Briefe in die Heimat, die sie oft jahrelang nicht sehen, oder sie spielen Karten, lesen Wiener Zeitungen oder tauschen Briefmarken.*

Es war, als würde man in einen Puppenladen blicken, nur dass es sich um lebende erwachsene Menschen handelte. In der kleinen Stadt existierten verwinkelte Gassen, von Zäunen umrahmte Häuser, ein Postamt, ein Heuriger, ein Stadttheater, eine Feuerwache, ein Rathaus samt „Rathauskeller" sowie Geschäfte und Handwerksbetriebe. Verschiedene Erzeugnisse wurden an die Besucher verkauft und auf dem Postamt konnte man sich einen Sonderstempel auf Postkarten oder Briefen holen.

Es gab natürlich auch Liebesbeziehungen und Ehen in Liliputanien – so feierte etwa das Ehepaar Blase vor einem Blitzlichtgewitter der Presse Silberhochzeit im Stephansdom. 1940 wurde diese Art der Zurschaustellung als Belustigung verboten.

Bei den Habsburgern war auch Sisi bemerkenswert abergläubisch. Sie berührte beispielsweise mit Vorliebe den Buckel von Menschen mit Wirbelsäulenverkrümmung, weil das Glück bringen sollte, und trug stets einen Talisman bei sich. Ebenso glaubte sie an böse Vorzeichen und sah in bestimmten Tieren die Verkörperung des Bösen, etwa Krähen und schwarze Katzen. Sie ließ sich auch ab ihrem 36. Lebensjahr nicht mehr fotografieren und schrieb in ihr Tagebuch: Jedes Mal wenn ich ein Photo habe machen lassen, hatte ich Unglück. Sisi-Kenner wissen natürlich, dass sich die Ehefrau von Kaiser Franz Joseph außerdem für den Alterungsprozess, der auch vor ihrer Schönheit und jugendlichen Ausstrahlung nicht haltmachte, genierte.

Besonders mystisch ist der Aberglaube, der mit der Alraune in Zusammenhang steht. Die Wirkung der Pflanze mit den blauen Blüten und gelben Beeren, die – abgesehen von den Früchten – stark giftig ist, war ab dem 4. Jahrhundert v. Chr. bekannt. In der Antike ging man davon aus, dass die Wurzel des geheimnisvollen Gewächses Einfluss auf das Glück oder Unglück der Person hatte, die sie fand. Die Wurzel der Pflanze ähnelte der Gestalt einer Frau und wurde im Mittelalter von Zauberern und Hexen auch häufig mit Kleidung versehen, womit sie einer Voodoo-Puppe glich und man sie ebenso verwendete. Aber auch die einfachen Leute besaßen manchmal eine der seltenen Alraunen, die sie allerdings sorgsam vor den neidischen Blicken neugieriger Nachbarn versteckten und nur dann hervorholten, wenn es ein Problem zu lösen gab.

Im Aberglauben der Wiener wuchs die Pflanze nur an der Stelle, an welcher der Harn eines unschuldig Gehängten während seiner letzten Zuckungen auf den Boden getroffen war. Fand man nun eine solche Alraune oder hatte sie nach dem Einsammeln der urindurchtränkten Erde zu Hause selbst gezüchtet, durfte man sie nicht einfach ausreißen, um an die Wurzel zu gelangen. Diese würde dann nämlich so laut und jämmerlich schreien, dass man daran starb.

Man musste sich also die Ohren mit Wachs zustopfen, den grünen Pflanzenteil an den Schwanz eines Hundes binden, ihn vorne anlocken und damit die Wurzel aus der Erde ziehen lassen.

Diese sollte sodann mit rotem Wein gewaschen, in ein weißes Tuch gewickelt und tageslichtgeschützt in einem Holzkästchen aufbewahrt werden. Man glaubte daran, dass sie ihren Besitzer beschützte und das Badewasser, in das man die Alraune gelegt hatte, auch heilend wirkte. Darüber hinaus hieß es, wenn man Münzen zur Wurzel in das Kästchen legte, würden sie sich über Nacht verdoppeln. In Wien vertrat man damals die Meinung, wer Geld aus einer unbekannten Quelle besaß, hätte ein „Alräunchen". Allerdings sollte man bescheiden bleiben und die Pflanze nicht überanstrengen, weil sie sonst einginge.

Der Aberglaube im Zusammenhang mit dem Gewächs führte bald dazu, dass Betrüger aus Rüben Alraunenwurzeln schnitzten und teuer an gutgläubige Bürger verkauften. Aus diesem Grund schwächte sich der Mythos langsam ab und die Anziehungskraft der Pflanze auf die Menschen ging irgendwann komplett verloren. Sie galt allerdings ab diesem Zeitpunkt aufgrund der ihr nachgesagten Kräfte als Symbol für Hexenwerk.

Von den bösen Mächten bedrängt wurde man laut Aberglauben am Georgitag, weshalb die Wiener früher am 24. April auf den Kahlenberg zur Kirche St. Josef zogen, da der heilige Georg die Schutzherrschaft über dieses Gotteshaus hatte. Der in den Legenden als Drachenkämpfer dargestellte Märtyrer steht für die heldenhafte Befreiung von allem Übel und die Eliminierung von Schadzauber.

So wie andere Glücks- und Schutzsymbole, etwa das vierblättrige Kleeblatt (weil Eva ein solches als Andenken aus dem Paradies mitnahm und es somit ein Stück heile Welt verkörpert), der Marienkäfer (der seinen Namen der Jungfrau Maria verdankt, in deren Auftrag, so glaubte man früher, die gepunkteten Insekten in der Schädlingsvertilgung tätig sind) oder der Rauchfangkehrer (weil ein gereinigter Rauchfang Sicherheit und Schutz versprach), dienten für Gläubige stets auch Andachtsbilder zur Abwehr gegen das Böse.

Im alten Wien glaubte man, dass Darstellungen von Jesus Christus oder Heiligen böse Geister, Hexen und Dämonen zur Umkehr zwingen würden. Man platzierte sie in Wohnhäusern daher irgendwo auf dem Gang in der Nähe der Eingangstür. Nicht zuletzt finden sich in Wien Spuren mittelalterlichen Aberglaubens an den früheren Galgenplätzen der Stadt, zum Beispiel nahe der Spinnerin am Kreuz oder am heutigen Schlickplatz.

In jener Zeit hat man die Gehenkten auch über Nacht oder sogar noch länger am Hinrichtungsort belassen, ehe man sie eingrub. Es galt als weitere Strafe, verbunden mit einer nachträglichen Demütigung, den Körper des Delinquenten „den Winden preiszugeben".

Es galt damals einerseits als Mutprobe, andererseits als Glücksjägerei, in den dunklen Stunden zur Exekutionsstätte zu schleichen und dem Toten einen Finger abzutrennen. Zu Hause hat man das Fleisch vom Knochen gelöst und diesen als Talisman verwendet.

Der Daumen eines Diebs sollte beispielsweise zu Reichtum verhelfen, der Ringfinger zu Erfolg in der Liebe und ein beliebiger Finger unter der Hausschwelle vergraben zu einem segensreichen Leben.

Auf der Suche nach dem Heiligen Gral und anderen mystischen Relikten

Der Ursprung der Geschichte um den Heiligen Gral, die keltische, christliche und orientalische Mythen miteinander kombiniert, liegt in der Artussage aus dem 5. Jahrhundert. Ab dem 12. Jahrhundert beschäftigte die Legende um das mystische Relikt und die Suche danach Abenteurer in ganz Europa und bis heute ist sie Inhalt verschiedenster Abenteuerbücher und -filme.

Bei dem geheimnisvollen Gegenstand handelt es sich angeblich um einen Kelch, aus dem Jesus beim letzten Abendmahl getrunken hat und in dem auch sein Blut aufgefangen wurde, als er am Kreuz hing. Das wundertätige Gefäß soll Glückseligkeit, ewige Jugend und Speisen in unendlicher Fülle bieten. Mit dem Begriff Gral könnte allerdings ebenso ein Kristall als immaterieller „Stein der Weisen", also das höchste Wissen dieser Welt, bezeichnet worden sein.

Besonders eng verbunden mit dem Gralsmythos ist der Templerorden, der im Jahr 1118 von den beiden Kreuzrittern Hugo von Payns und Gottfried von Saint Omar gegründet wurde. Es heißt, die gerüsteten Krieger hätten im Untersberg eine Komturei errichtet, wo im Jahr 1226 auch eine außerirdische Erscheinung mit der Bezeichnung „Göttin Isais" aufgetaucht und zwölf

Jahre lang bei den Männern geblieben sein soll. In dieser Zeit gelangte auch der Heilige Gral in den Besitz der Templer, der laut Isais' Offenbarung die Welt verändern würde – sichtbar wie unsichtbar. Die letzten vier Männer der Komturei am Untersberg brachten ihn an einen geheimen Ort, wo er vor Diebstahl geschützt sein sollte, damit er nicht in falsche Hände geriet.

Anschließend wurde es bis ins 16. Jahrhundert etwas stiller um den Heiligen Gral, doch danach formierten sich wieder über Jahrhunderte hinweg regelmäßig verschiedenste Gruppen Gleichgesinnter, die das Rätsel um ihn lösen und sein Versteck finden wollten.

In den 1930er-Jahren tauchte das Thema wieder verstärkt auf, als Adolf Hitler und seine engsten Vertrauten der Meinung waren, schwarze Magie und mystische Relikte seien der Schlüssel zur Beherrschung der Welt. Besessen vom Okkulten reisten die Agenten des Führers unter der Leitung Heinrich Himmlers in geheimen Nazi-Expeditionen rund um die Welt, auf der Suche nach den geheimnisvollen Überbleibseln aus der Vergangenheit wie dem Heiligen Gral. Gefunden haben sie ihn aber zum Glück nicht.

Am intensivsten erforscht hat den Mythos der deutsche Schriftsteller, Arisoph und SS-Obersturmführer Otto Wilhelm Rahn, der zu Forschungszwecken per Bahn und zu Fuß durch fast ganz Europa reiste. Vor der geplanten Veröffentlichung seines dritten Buches über den Gral kam er 1939 auf dem Eiberg bei Söll in Tirol unter ungeklärten Umständen ums Leben. Etliche Verschwörungstheoretiker glauben jedoch bis heute, dass Rahn ermordet wurde, weil er zu viel herausgefunden hatte und das Geheimnis um den Kelch oder Kristall in seinem dritten Buch (dessen Manuskript niemals irgendwo aufgetaucht ist) lüften wollte.

Bis heute sind Mitglieder geheimer Bündnisse sowie der Vatikan hinter dem geheimnisvollen Gegenstand oder Wissen her und wollen dessen Macht in ihren Besitz bringen.

Wir schreiben das Jahr 1918, der Erste Weltkrieg neigt sich dem Ende zu. Schauplatz ist ein kleines Kaffeehaus, in dem die aufgeheizte Luft nach Espresso und Zigarrenqualm riecht. In einer Seitenloge sitzen an einem runden Tischchen vier Männer und eine Frau, die ihre Köpfe zusammenstecken und miteinander tuscheln. Vor dem Lokal flaniert der Zobel- und Monokel-Adel über den Ring und geht dann auf eine Jause zum Sacher, wo er den Mokka aus Rosenthal-Porzellantassen mit Goldrand nippt. Als es draußen zu dämmern beginnt, setzen heftige Windböen ein, verfangen sich in den dürren Ästen der Baumkronen und fegen wintertotes Laub über die Gehwege. Schon bald klatschen dicke Regentropfen gegen die Fenster und immer mehr Leute betreten das Kaffeehaus, schütteln sich wie nasse Hunde oder klappen ihre vor Feuchtigkeit triefenden Schirme zusammen, ehe sie sich um einen Platz bemühen.

Bei den Leuten in der Seitenloge handelt es sich um das Medium Maria Orschitsch aus Zagreb, die beiden deutschen Esoteriker und Abenteurer Karl Haushofer und Rudolf von Sebottendorf, den Piloten und Ingenieur Lothar Waiz und Prälat Gernot, welcher der geheimen „Erbengemeinschaft der Tempelritter" angehört. Während sich die anderen Gäste eine Melange und dazu ein Kipferl mit Hagelzucker schmecken lassen, diskutieren die fünf Mystiker über den Gral, Atlantis und das Wasserkrugzeitalter sowie über viele andere esoterische oder verschwörungstheoretische Themen.

Aus diesem elitären Personenkreis, der sich an jenem Tag in dem kleinen Wiener Kaffeehaus traf, entwickelte sich eine Gruppe von wagemutigen Schatzsuchern, die sich auf die Suche nach verschiedenen geheimnisumwitterten Relikten und Orten machten. Angeblich hat mindestens eine dieser Personen den Heiligen

Gral nach Wien gebracht und entweder der Kirche oder den Freimaurern als Verwalter des Templerschatzes übergeben. Anderen Aussagen zufolge handelt es sich bei einem Ausstellungsobjekt in der Wiener Schatzkammer, zugleich eines der beiden unveräußerlichen Erbstücke des Hauses Habsburg (bei dem anderen handelt es sich um das Ainkhürn), um den Heiligen Gral.

Achatschale

In der spätantiken Schale hat man laut Legende Blutstropfen von Jesus Christus am Kreuz aufgefangen und sie anschließend in einer Höhle unter dem Kreuzigungshügel Golgota versteckt. Sie stellt mit ca. 58 Zentimeter Durchmesser die größte Schale dar, die jemals aus einem einzigen Achat gefertigt wurde. In ihrer feinen Äderung glaubt man eine mysteriöse Buchstabenkombination zu erkennen: den Namen Christi in griechischen Buchstaben (XRISTO). Die rätselhafte Inschrift soll nicht nachträglich in den Stein geritzt worden sein, sondern ist in der Maserung desselben natürlich vorhanden.

Da man sie nur sieht, wenn das Licht in einem ganz bestimmten Winkel einfällt, nahm man an, dass sich die Botschaft aus der Vergangenheit nur Auserwählten zeigte. Die mystische Schale ist vermutlich im 4. Jahrhundert am Hof Konstantins des Großen in Konstantinopel entstanden und gelangte auf unbekanntem Weg in den Westen, wo sie 1564 erstmals erwähnt und von den Habsburgern in ihren Besitz gebracht wurde.

Wo sich der Heilige Gral gegenwärtig befindet, sollte es sich nicht um die Achatschale handeln oder es ihn überhaupt jemals gegeben haben, bleibt weiterhin rätselhaft.

Die Schergen Hitlers suchten nicht nur nach dem Heiligen Gral, sondern auch nach anderen magischen Artefakten und hofften unter anderem, die Runensteine der nordischen Götter zu finden. Die dort eingeritzten Symbole sollten den Weg zur Unsterblichkeit weisen und übernatürliche Kräfte verleihen. Die Originale, die im 2. Jahrhundert in Skandinavien entstanden sein könnten, haben die Nazis nicht gefunden, viele der germanischen Schriftzeichen wurden während des Zweiten Weltkriegs aber als Chiffren missbraucht.

Neben Hitler war vor allem Heinrich Himmler fasziniert von okkulten Objekten mit Bezug zum Altertum, weshalb er Unmengen an Informationen zu dem Thema sammelte. Besonders interessierte er sich für Hexenrituale und Zaubersprüche bzw. für deren schriftliche Aufzeichnungen. Er entsandte Wissenschaftler in alle Teile der Welt und ging jedem Hinweis auf den Verbleib alter Bücher mit magischen Formeln nach. Einige der von den Nazis aufgespürten esoterischen Schriften lagerten in der Burg Houska, die sich auf einer Anhöhe nahe Prag befindet, andere wurden in Geheimgängen in Wiens Unterwelt versteckt. Schon häufig haben Schatzjäger und Glücksritter danach gesucht – ob sie fündig wurden, bleibt ein Geheimnis.

Neben dem Heiligen Gral sowie der ebenfalls bereits erwähnten Hauskrone und dem geheimnisvollen Ainkhürn gehören zum mystischen Erbe der Habsburger noch viele weitere magische Gegenstände und heilige Reliquien. Sie werden in der Schatzkammer, in den Kunst- und Wunderkammern und im Stephansdom aufbewahrt und zum Teil ausgestellt. Unter den Objekten finden sich prunkvoll gefasste Bezoare (Magensteine der gleichnamigen asiatischen Ziege, die aus verschluckten, unverdaulichen Materialien bestehen), die vor Vergiftung schützen sollten, Alraunen, die als Zauberpflanzen galten, und ein Stück Hirnschale des heiligen Stephanus.

In der Wiener Schatzkammer befindet sich außerdem die heilige Lanze, auch „Speer des Schicksals" genannt, die angeblich das Stück eines Nagels vom Kreuz Christi enthält. Sie gehörte laut Legende dem römischen Hauptmann Longinus, der mit ihr den Tod Jesu überprüfte, weshalb sie auch mit dem Blut des Erlösers getränkt sein soll. Der Besitzer der Waffe, die sich von jeher in Händen bedeutender Herrscher befand, galt als unbesiegbar und handelte als Stellvertreter Christi. Auf dem dünnen Goldblech, das über der Klinge steckt, ist zu lesen: Lancea et clavus domini (= Lanze und Nagel des Herrn).

Auf einer mittelalterlichen Inventarliste wurde die Waffe als „sper gotes" (= Speer Gottes) geführt. Karl IV. erwarb Mitte des 14. Jahrhunderts die Lanze, ließ sie auf seine Residenz nach Prag bringen und ihre Bedeutung als wertvolles heiliges Artefakt vom Papst bestätigen, der sie außerdem als doppelte Reliquie anerkannte.

Im Jahr 1796 gelangte sie zusammen mit anderen Reichsklein-
odien im Koalitionskrieg nach Wien, wo Kaiser Franz II. sie vor
dem Zugriff Napoleon Bonapartes schützen wollte. 1938 ließ
Hitler den Speer nach Nürnberg bringen und versteckte ihn in
seiner Schatzkammer in einer Höhle. 1945 wurde er in einem der
Gänge eines Felsenlabyrinths von US-Soldaten gefunden und
zurück nach Wien gebracht, wo er seither in der Hofburg ausgestellt ist. Allerdings ergaben wissenschaftliche Untersuchungen, dass diese heilige Lanze erst im 8. Jahrhundert hergestellt
wurde. Der echte Speer befand sich im Jahr 1000 im Besitz des
römisch-deutschen Kaisers Otto III., der die Waffe so sehr
schätzte, dass er mindestens zwei Kopien anfertigen ließ und diese als Zeichen seiner Wertschätzung an die Fürsten Polens und
Ungarns übergab.

Eine Theorie besagt, dass Kaiser Franz I. (vormals Franz II.)
eine der beiden Fälschungen erstanden hat, um mögliche Diebe
oder Plünderer in die Irre zu führen und sicherzustellen, dass
kein anderer Herrscher die wundertätige Waffe erhält. Als er
1809 mit Napoleon den Frieden von Schönbrunn schloss, gab er
dem Widersacher seine Tochter zur Frau, behielt jedoch den
wertvollen Speer. Der Franzose akzeptierte den Deal.

Wenn der Habsburger die echte Lanze also versteckte und niemand wusste, wo sie sich befindet – wo hätte das gewesen sein
können? Existiert der Speer des Schicksals irgendwo mitten in
Wien an einem geheimen Ort, den keiner kennt? Möglicherweise ist es nur eine Frage der Zeit, bis ihn ein Historiker aufspürt
oder die Waffe zufälligerweise an einem Lost Place oder beim
Erforschen der städtischen Unterwelt entdeckt wird.

In Wien gibt es noch zahlreiche weitere heilige Reliquien, die
von der Kirche verwaltet und im Stephansdom in der Valentins-
kapelle aufbewahrt werden. In diesem kleinen gotischen Raum,
dem kältesten Punkt im Dom, werden in liebevoll verzierten
Schränken, Vitrinen, Schreinen und anderen Behältnissen Holz-

späne, Barthaare, Knochensplitter, Zähne, Schädel oder ganze Skelette von Heiligen sorgsam gehütet.

Weitere Gegenstände religiöser Verehrung sind außerdem im Diözesanmuseum zu bewundern. Was jedoch auch dort fehlt, obwohl es sich dabei um die begehrteste Reliquie der Welt handelt, ist die heilige Vorhaut von Jesus. Wo genau sie sich befindet, weiß niemand so genau – ihre Spur verliert sich im Frankreich des 18. Jahrhunderts. Die Beschneidung des Heilands ist auf dem um 1530 entstandenen Epitaph der Familie Straub, aus der Johann Straub als Kirchenmeister von St. Stephan hervorging, dargestellt. Es befindet sich ganz hinten an der südlichen Außenmauer des Stephansdoms.

Die unsichtbare Macht – Einflüsse von Orden, Logen und Geheimbünden auf die Stadt

Die ersten Ordensgemeinschaften bildeten sich im frühen Mittelalter, doch die strikten kirchlichen Strukturen dieser Zusammenschlüsse konnten sich im allgemeinen Chaos der Völkerwanderung nur schwer weiterentwickeln. Die disziplinierte und einem geregelten Tagesablauf unterworfene Lebensweise ihrer Mitglieder, die sich aus Furcht vor Verfolgung zumeist hinter dicken Mauern verbargen, passte nicht in die damalige Welt. Und dennoch erfreuten sich die Verbände regen Zulaufs, deren Brüder und Schwestern der allgemeinen Suche nach einem geeigneten Platz in der Welt mit unbeirrbarem Glauben begegneten. Sie nahmen für ihre Überzeugung eine strenge Enthaltsamkeit, restriktive Maßnahmen im Fall eines Verstoßes gegen die Regeln und sogar den Tod als Märtyrer in Kauf.

Sobald sie „Zeugnis ablegten", befanden sie sich in Erwartung der Wiederkunft Christi und glaubten, dass man sich dem Jüngsten Gericht nur durch kompromisslose Hingabe an das Reich Gottes als würdig erweisen konnte. Zugleich entwickelten die Ordensangehörigen durch ihre Askese und den Kontakt zu diversen religiösen und philosophischen Lehren auch eine gewisse Spiritualität.

Im Laufe der Zeit sind auch in Wien zahlreiche Verbände entstanden, deren Mitglieder anfangs noch an düsteren Orten abseits der Gesellschaft lebten, beispielsweise in den Höhlen des Wienerwalds. Schließlich haben wohlwollende und wohlhabende, vor allem aber fromme Menschen aus dem Bürgertum oder Hochadel den Dienern Gottes Klöster oder Konvente gestiftet, wohin sich diese zurückziehen und auf Dauer niederlassen konnten.

Im westlichen Christentum existieren neben den bekannten Benediktinern, Zisterziensern, Franziskanern, Jesuiten und einigen weiteren mehr auch einige geistliche Ritterorden, die bis heute als besonders mystisch gelten.

Zu den geheimnisvollsten Gruppierungen zählen unter anderem die Templer, die sich mit vollem Namen „Arme Ritterschaft Christi und des salomonischen Tempels zu Jerusalem" nannten und deren Orden von 1118 bis 1312 bestand. Gegründet wurde der Verband von neun frommen französischen Aristokraten und vereinte erstmals das adelige Rittertum mit dem religiösen Mönchtum – zwei Stände, die bis zu diesem Zeitpunkt streng getrennt waren.

Die Templer galten als militärische Eliteeinheit, die vorerst Pilger zum Heiligen Grab vor Dieben, Wegelagerern und Mördern schützen und öffentliche Landwege überwachen sollten. Als sie dank ihrer erfolgreichen kriegerischen Mission bei den Kreuzzügen jedoch rasch an Macht und Einfluss gewannen, entspann sich im Hintergrund eine politische Intrige gegen die Männer. Schließlich wurde der Orden, der einzig dem Papst unterstand, auf Druck des französischen Königs Philipp IV. in einem aufsehenerregenden Prozess von Papst Clemens V. im Jahr 1312 aufgelöst.

Die Mitglieder hat man der Ketzerei bezichtigt, einige davon verhaften lassen und den letzten Großmeister Jacques de Molay 1314 in Paris am Scheiterhaufen verbrannt. Das enorme Vermögen der ritterlichen Mönche erhielten die Johanniter.

Um 1200 hatten sich die Templer auch in Wien niedergelassen, wo ihnen 1186 die Kirche Maria Rotunda nahe dem Stubentor bei der alten Stadtmauer gestiftet worden war. Laut einer Urkunde vom 30.9.1302 besaß der Orden das Zinsrecht am damaligen Regensburger Domvogthof in der „Tuemvoitstraz" (mit der heutigen Adresse Ecke Teinfaltstraße 8–8a/Löwelstraße 20), das er jedoch mit dem Schottenstift gegen einen Wirtschaftshof samt Backstube auf einem Grundstück in der „Ratstraz" (heute Bräunerstraße 7) tauschte. Vorangegangen war dem Geschäft ein Rechtsstreit zwischen den Templern und dem Hof des Regensburger Domvogtes, der den Jahresgrundzins von 48 Wiener Pfennigen nicht an die Mönche hatte bezahlen wollen.

Einer alten, mittlerweile verschollenen Stadtchronik zufolge soll sich außerdem auf dem Areal des 1226 gegründeten Dominikanerklosters (heute Postgasse 2–4) zuvor ein Gebäude im Eigentum des Ordens befunden haben, ebenso die nahe Martinskapelle.

Laut einer Legende befand sich das Hauptquartier der Templer im Fähnrichhof mit der Adresse Blutgasse 5–9. Einige der Männer wurden nach der Auflösung der Gemeinschaft von ihren Feinden verfolgt und zum Kampf auf Leben und Tod herausgefordert oder hingerichtet. Eine solche Auseinandersetzung soll auch vor dem Fähnrichhof stattgefunden haben und das Blut der ermordeten Brüder die Gasse entlanggeflossen sein. Doch dass sie aus diesem Grund Blutgasse heißt, stimmt nicht, denn noch bis 1368 lautete ihr Name Kothgässel (damals gab es an einigen Häusern sogenannte Toilettenerker an der Hauswand, durch die Exkremente direkt auf die Straße oder in den Hof fielen). Erst später wurde sie aufgrund der dort ansässigen Schlachthäuser Blutgasse genannt.

In den unterirdischen Gängen, die Fähnrichhof, Trattnerhof (Graben 29), Domprobsthof (Singerstraße 22) und Deutschordenshaus (Singerstraße 7) verbinden und die bis zur Virgilkapelle führen, könnten die Ritter vor ihrer Flucht den Templerschatz, bestehend aus wertvollen Relikten wie etwa dem Heiligen Gral, versteckt haben – zumindest sind immer wieder Abenteurer auf der Suche nach den mystischen Gegenständen aus dem Besitz der Ritter.

Die Templer hatten neben ihren Kampfhandlungen noch eine weitere Aufgabe zu erfüllen: die Bundeslade, eine goldüberzogene Akazienholztruhe mit den Tafeln des Gesetzes, zu finden. Darüber hinaus ist anzunehmen, dass die Templer das Wissen über die Heilige Geometrie, also das komplexe Wissen über mathematische Gesetzmäßigkeiten in den Bereichen Messen, Berechnen und Konstruieren von Winkeln, Abständen und Figuren, aus Jerusalem nach Europa brachten. Die sogenannte „Blume des Lebens" als Sinnbild für Unendlichkeit und vollkommene Harmonie stellt das geometrische Grundmuster dar und ist seit der Gotik in zahlreichen Gotteshäusern auch in Wien zu finden.

Es gab im Mittelalter zwei weitere wichtige Zusammenschlüsse von ritterlichen Mönchen, die Teil der Kreuzzugliga waren: die Johanniter und der Deutsche Orden. Beide sind in Wien heute noch durch ihre Mitglieder vertreten, von Letzterem befindet sich der Sitz des Hochmeisters seit 1834 im Deutschordenshaus.

Im Jahr 1408 hat König Sigismund von Ungarn zudem den katholischen Ritterorden „Gesellschaft vom Drachen" gegründet. Aus dieser Zeit existiert ein Textilstück, wahrscheinlich der Rest einer Robe, aus dem Besitzt des Drachenordens, eventuell sogar von Sigismund selbst. In die Mitte des Stoffes wurde nachträglich „a.e.i.o.u./1444" appliziert, die geheimnisvolle Vokalreihe des Habsburgerkaisers Friedrich III.

Erwiesenermaßen trat dessen Vater, Herzog Ernst „der Eiserne", 1409 dem Drachenorden bei – ob Friedrich selbst Mitglied dieser Bruderschaft war, ist nicht bekannt, wird aber angenommen. Der Stoff wurde 1831 aus der Sakristei der Georgskapelle in der Wiener Neustädter Burg, auf der man ebenfalls das Motto AEIOU fand, in die Wiener Schatzkammer übernommen und ist heute im Kunsthistorischen Museum ausgestellt.

Im Haus Rotenturmstraße 6/Lugeck 7, in dem in den Jahren 1537/38 Paracelsus ein- und ausging, befindet sich im Eingangsbereich ein Renaissanceportal, das noch vom Vorgängerbau stammt. In der Mitte des Bogenfeldes prangt das Wappen des Peter von Edlasperg. Es zeigt ein gevierteltes Schild, in dessen oberem linken und unterem rechten ein brennender Berg dargestellt ist, während man in den beiden anderen Vierteln einen aufsteigenden Greif sehen kann. Über dem Schild ist ein geflügelter Drache mit Augen auf den Flügeln abgebildet, der Peter von Edlasperg als Mitglied des Drachenordens ausweist. Darunter wurde eine Steintafel eingemauert, die ebenfalls das Wappen und den Drachen darstellt sowie die Jahreszahl 1497. Zudem sind lateinischen Zitate zu lesen, die übersetzt bedeuten:

Dulde und halte dich zurück! Wage es, zu denken!
Vertrauend auf jene, denen wir Gutes getan haben, werden wir häufig getäuscht werden.
Bei Überfluss an Glück schwindet die Erinnerung an die Wohltäter.
Es gibt nichts, dem nicht eine gesetzmäßige Ursache vorangegangen ist.

Im Jahr 1430 entstand am prächtigen Hof von Brügge unter Herzog Philipp von Burgund der Ritterorden vom Goldenen Vlies. Die Aufnahme in diese Gemeinschaft galt von jeher als Auszeichnung für besondere Verdienste. Name und Ordenszeichen bezogen sich ursprünglich auf das Goldene Vlies aus der griechischen Mythologie als Siegespreis der Argonauten. Doch die heidnisch-antike Bedeutung wurde auf Rat des Ordenskanzlers Jean

Germain gekippt und in eine biblische umgewandelt – das Goldene Vlies stellte ab diesem Zeitpunkt das Zeichen für Gideons (Richter im Alten Testament) göttliche Beauftragung dar.

Die offiziellen Ziele des Ordens waren der Schutz der Kirche, die Erhaltung des katholischen Glaubens und die Ehrung des Rittertums. Zudem durfte sein Oberhaupt ohne Zustimmung der anderen Ritter keinen Krieg beginnen. Im Gegenzug dafür genossen die Mitglieder einige Privilegien: Die ursprünglich dreißig Mönche in Rüstung hatten bei Hof Vortritt vor allen anderen Personen, zahlten keine Steuern und waren nur der Gerichtsbarkeit ihrer eigenen Brüder unterstellt.

Auch wenn die damaligen Bestimmungen keine Relevanz für die Gegenwart haben, existiert der Orden vom Goldenen Vlies als Haus- und Hofbruderschaft der Habsburger bis heute. Großmeister der österreichischen Linie ist derzeit Erzherzog Karl von Habsburg-Lothringen, Mitglieder sind hochrangige adelige und klerikale Persönlichkeiten aus ganz Europa, unter anderem auch der Wiener Kardinal Schönborn.

Als besonders mystisch gelten die archaischen Rituale und Satzungen des Ordens, die bis heute im Wesentlichen unverändert seit der Gründung vor mehr als 500 Jahren existieren. Sie basieren auf den Zeremonien, die während der geheimen Zusammenkünfte schon im Mittelalter vollzogen wurden und die ihren Ursprung in der christlichen Theologie und antiken Mythologie haben. Zahlreiche teilweise sehr alte Schmuckstücke und Insignien aus dem Besitz des Goldenen Vlieses befinden sich in der Schatzkammer der Hofburg.

1638 wurde, vermutlich von der Witwe des Kaisers Ferdinand II., die Totenbruderschaft gegründet, die sicherstellten sollte, dass auch zum Tode Verurteilte nach ihrer Exekution beerdigt wurden. Sie hatte ihren Sitz in der Loretokapelle in der Augustiner-kirche, woran ihr Wappen – gemalte Totenköpfe mit gekreuzten Knochen – zwischen den Eckrosetten des Portals erinnert.

Die Gemeinschaft bestand vorwiegend aus Adeligen, die ab Mitte des 17. Jahrhunderts den Abtransport Hingerichteter von der Richtstatt bis zu den Armesünder-Gottesäckern begleiteten, die sich unter anderem auf den Grundstücken der heutigen Häuser Argentinierstraße Nr. 2–6 und Paniglgasse Nr. 2–12 im Bezirk Wieden befanden. Die Männer waren dabei in schwarze Kapuzenmäntel gehüllt, die ein Totenkopf mit zwei gekreuzten Knochen schmückte.

Die Eltern von Maria Theresia, Kaiser Karl VI. und Elisabeth Christine, gehörten der sogenannten Nepomuk-Bruderschaft an, deren Mitglieder sich zu verschiedenen religiösen Pflichten, zur Krankenpflege und zur Wahrung der Keuschheit verpflichten mussten. Die Heiligsprechung des Priesters Johannes Nepomuk, der getötet worden war, weil er das Beichtgeheimnis gewahrt hatte, löste 1729 in Wien einen wahren Kult aus.

Auf dem Höhepunkt der Verehrung gab es in der Stadt etwa 300 Nepomuk-Statuen, die sich häufig dirckt am Straßenrand befanden, was dem Heiligen den Spitznahmen „Hansl am Weg" eintrug. Es existierten ihm zu Ehren außerdem einige Kapellen – eine davon wurde von Otto Wagner am Währinger Gürtel bei der Nr. 88 im Bezirk Alsergrund neu errichtet (der ursprüngliche Sakralbau war zuvor der Gürteltrassierung zum Opfer gefallen).

Bekannt sind auch die Rosenkreuzer, verschiedene spirituelle Gemeinschaften, die nach der literarischen Figur des Christian Rosencreutz benannt sind. Bei dem fiktiven Charakter handelt sich um eine Schöpfung des evangelischen Theologen Johann Valentin Andreae, der Mitte des 15. Jahrhunderts in einem alchemistischen Roman über den Einweihungsweg seines frommen Protagonisten schrieb. Aus den anfangs losen Gruppen von Rosencreutz-Anhängern formierte sich erst um 1760 im Umfeld

der Freimaurerei ein Orden mit dem Namen Gold- und Rosenkreuzer, der mit seiner Form des mystischen Irrationalismus und
Illuminismus einen Gegenpol zum modernen Rationalismus der
Aufklärung darstellte. Er fand sein Ende bereits 1787, doch noch
heute berufen sich einige Logen auf den geheimnisvollen Rosen-
kreuzer-Mythos. Ihr mystisches Erbe hat die Bruderschaft in
Form zahlreicher Zahlenrätsel in Wien hinterlassen, beispielsweise am Narrenturm.

Die erste Bruderschaft der Freimaurer mit dem Namen „Aux
Trois Canons" („Zu den drei Regeln") wurde im Jahr 1742 unter
dem Protektorat der Breslauer Loge „Zu den drei Totengerippen"
gegründet.

Ab diesem Zeitpunkt existierte in der Residenzstadt eine il-
lustre Gesellschaft, die dem Geheimbund angehörte, wobei viele
der hochadeligen Mitglieder zugleich auch Rosenkreuzer und
Illuminaten waren. Sie standen unter dem Schutz von Kaiser
Franz I. Stephan, der den Reigen der Logenbrüder anführte –
sehr zum Verdruss seiner Gemahlin Maria Theresia, die nicht an
okkultem Wissen interessiert war, über das die Freimaurer angeblich verfügten.

Da die Organisation auch Juden, wie beispielsweise den Juwelier Jacques Pallard, und Dunkelhäutige, wie unter anderem den
afrikanischen „fürstlichen Hofmohren" Angelo Soliman, aufnahm,
was der freimaurischen Toleranz entsprach, wuchs der Unmut
gegenüber der Loge. Auf Befehl von Maria Theresia wurde „Aux
Trois Canons" im März 1743 aufgelöst. Die Polizeiaktion, bei der
die Sicherheitsbeamten sämtliche Räumlichkeiten des Männer-
bundes räumten, erregte europaweites Aufsehen.

Hinter der Maßnahme steckten angeblich politische Motive
sowie eine kirchliche Initiative gegen die Freimaurer. Nach dem

Tod ihres Gemahls ließ Maria Theresia die Freimaurerei in Österreich verbieten – was von ihrem Sohn allerdings nicht exekutiert wurde, da Joseph II. der Loge tolerant gegenüberstand (obwohl er kein Mitglied der Bruderschaft war).

Heute ist die mächtige Kaisergattin auf ihrem Denkmal, das 1888 zwischen dem Naturhistorischen und Kunsthistorischen Museum gegenüber der Hofburg aufgestellt wurde, von 24 der bedeutendsten Männer ihrer Zeit umgeben – wobei es sich bei den meisten von ihnen um Freimaurer handelt.

Ab dem Jahr 1770 wurden in Wien neue Logen gegründet, denen viele bekannte Persönlichkeiten angehörten, darunter auch Maria Theresias Leibarzt Gerard van Swieten,

1785 erließ Kaiser Joseph II. auf Druck klerikaler Kritiker ein „Freimaurerpatent", das den Einfluss der Bruderschaft eindämmen sollte. Der Monarch forderte eine Reduzierung der bestehenden acht Organisationen auf drei Sammellogen, die überwacht und kontrolliert werden sollten. Und dann kam 1795 unter dem nüchternen Kaiser Franz II./I. das endgültige Aus für die Freimaurerei mit einer behördlich angeordneten Schließung aller Logen.

Zu Beginn des 19. Jahrhunderts nahmen während der Besatzung durch die Franzosen einige französische Logen, die sich in der Residenzstadt niederließen, auch ehemalige Mitglieder der Wiener Bruderschaften auf. In der Folge gründeten sich mehrere internationale Freimaurer-Gruppierungen, die jedoch bald von der Geheimpolizei aufgelöst wurden. Einige davon trafen sich heimlich im Dianabad, das sich in der Lilienbrunngasse 7–9 im Bezirk Leopoldstadt befand.

Eine größere Anzahl von Logenbrüdern lebte im Wiener Kahlenbergerdorf im heutigen Bezirk Döbling, wie eine Gedenktafel an der Fassade des ehemaligen kaiserlichen Jagdschlosses in der Zwillingstraße 1 beweist. Darauf ist zu lesen, dass im Jahr 1875 von dem Geheimbund dort das erste Kinderasyl gegründet wurde, das als Vorläufer der Kinderdörfer des Freimaurers Hermann Gemeiner gilt. Hinter der Pfarrkirche befindet sich ein Grabstein, auf dem Zirkel und Winkelmaß zu sehen sind.

In der streng katholischen Habsburgermonarchie wurde der Geheimbund wegen seiner religiösen und politischen Toleranz weiterhin abgelehnt. Er war aber nicht nur den Monarchen ein Dorn im Auge, sondern später auch höhergestellten Persönlichkeiten – beispielsweise dem ehemaligen Wiener Bürgermeister Karl Lueger, der die Mitglieder der Loge mit den von ihm abgelehnten Juden und Magyaren gleichsetze.

Bis zum Ende des Ersten Weltkriegs blieben sämtliche Versuche, neue Logen in Österreich zu gründen, erfolglos. Anschließend formierten sich die Freimaurer wieder zu öffentlichen Vereinen, im November 1918 in Wien, kurz darauf auch in den Bundesländern. Doch unter dem katholisch-autoritären Dollfuß- und Schuschnigg-Regime geriet die Loge neuerlich unter Druck, 1938 kam mit dem Einmarsch der Nazis das Aus – das damalige Wiener Logenhaus in der Dorotheergasse 12 wurde gestürmt, zahlreiche Freimaurer kamen in Haft. Bei der Wiedergründung der Loge im Juli 1945 fanden in Wien nur noch 67 Brüder zusammen.

Heute sind die Mitglieder weltweit in Landesgruppen organisiert und bezeichnen die Organisation als „diskrete Gesellschaft", die Stillschweigen über Gebräuche und Rituale der Freimaurerei bewahrt. Als Vorbild dienen ihnen die Dombauhütten des Mittelalters, welche Symbole und Zeremonien antiker Mysterienbünde verwendeten, die Prinzipien Humanität, Liberalität und Toleranz vertraten und die Allmacht eines „Baumeisters aller Welten" anerkannten. Mit modernen Ideen und esoterischen Elementen wird ein Gedankengebäude errichtet, genannt salomonischer Tempel der allgemeinen Menschliebe, das jeder Freimaurer mitgestaltet – gemeint ist damit allerdings die Arbeit am eigenen „rauen Stein" (über dem Eingangstor des Hauses in der Rauhensteingasse 3), die in den drei Stufen Lehrling, Geselle und Meister erfolgt.

Der „raue Stein"

Der Vorgängerbau dieses Hauses war einst Teil des Himmel-pfortklosters, in dem sich eine Schänke befand, in der auch gerne edle Tropfen verkostet wurden.

Die Großloge der Freimaurer Österreichs umfasst gegenwär-tig rund 80 als Vereine gemeldete Bündnisse mit insgesamt ca. 3700 Mitgliedern in allen Bundesländern. In Wien ist die Zahl auf 300 Mitglieder angewachsen – da in den fünf gemischt-ge-schlechtlichen Vereinen in Wien mittlerweile jedoch auch Frau-en aufgenommen werden, bleibt ihnen die Anerkennung altein-gesessener Großlogen, wie etwa jener von England, versagt.

Beim Vorläufer der organisierten Freimaurerei handelte es sich um die Bauhütten der Steinmetzbruderschaft, die unter anderem für die Errichtung des Stephansdoms zuständig war und am höchsten Gotteshaus Österreichs zahlreiche Symbole hinterließ. Meister Anton Pilgram beispielsweise hat sich am Fuß des Or-gelchors von 1513 mit Zirkel (steht für den Kreislauf des Lebens sowie für die Unendlichkeit und Unsterblichkeit, aber auch für die Gemeinschaft) und Winkelmaß (steht mit dem rechten Winkel für das Führen eines aufrechten Lebens) verewigt. Beide Gegenstände übereinandergelegt, wie ein A und ein V, ergeben ein gängiges Freimaurersymbol. Pilgram war von 1511 bis 1515 Leiter der Bauhütte von St. Stephan.

Auch die Kunstsammlung der Albertina stammt von einem Freimaurer, nämlich von Albert Kasimir von Sachsen-Teschen, der 1764 im Alter von 26 Jahren in Dresden in die Loge „Zu den drei Goldenen Schwertern" aufgenommen wurde. Zwei Jahre später kam der deutsche Herzog nach Wien, um eine Tochter von Maria Theresia zu ehelichen – und das ganz ohne heiratspo-litische Absichten des Kaiserhauses. Die strenge Monarchin, die neun ihrer zehn Kinder aus Gründen der Staatsräson und zum

Wohle der Monarchie unter die Haube gebracht hatte, erlaubte ihrem Liebling Mimi, ihren Berti „nur" aus Liebe zu heiraten.

Der Sachse begann kurz darauf mit dem Zusammentragen erster Kunstwerke, wobei ihm sowohl das Geld seiner Gemahlin als auch das Netzwerk der Bruderschaft behilflich waren. Albert unterstützte im Gegenzug die Freimaurer, wenn diese durch die logenkritische habsburgische Obrigkeit in Schwierigkeiten gerieten. In jener Zeit wurde der Grundstock für die heutige umfangreiche Sammlung in der Albertina gelegt.

Nach dem Tod von Marie Christine setzte der tief trauernde Witwer seiner Liebsten in der Augustinerkirche ein Grabdenkmal mit der Inschrift *Uxori optimae*, was so viel wie „der besten Gattin" bedeutet. In den Verzierungen des Kenotaphs (= leeres Grabmal, da die Erzherzogin, ebenso wie die meisten ihrer Verwandten, in der Kapuzinergruft ihre letzte Ruhe gefunden hat) befindet sich kein einziges christliches Motiv, sehr wohl aber einige Symbole der Freimaurer. Zu finden sind etwa ein großes Dreieck, eine sich selbst verzehrende Schlange und Stufen zum Tor des Tempels, durch das die Tote geleitet wird (anders als bei den üblichen Auferstehungsfresken barocker Grabmale, wo der Weg für die verstorbene Person hinauf ins Licht führt).

Ein eingefleischter Freimaurer war auch der Bildhauer Franz Anton Zauner, der 1784 im Alter von 38 Jahren in eine Wiener Loge aufgenommen wurde. Er schuf die Attika mit den Karyatiden am Tor des Palais Pallavicini am Wiener Josephsplatz Nr. 5. Dort befindet sich auch das Reiterdenkmal von Kaiser Joseph II., das ebenfalls aus der Werkstatt Franz Anton Zauners stammt.

Um eine besonders interessante und zugleich äußerst rätselhafte Spur, die Freimaurer in Wien hinterlassen haben, handelt es sich bei dem „Logenbild". Geschaffen von einem unbekannten österreichischen Künstler im 18. Jahrhundert, stellt das Gemälde nach allgemeiner Auffassung von Kunstexperten ein Aufnahmeritual in der Wiener Loge „Zur gekrönten Hoffnung" dar. Es heißt, das Bild, dessen offizieller Name ohne nähere Erläuterung „Innenansicht einer Wiener Loge um 1790" lautet, sei eines der berühmtesten freimaurischen Bilder jener Zeit. Es befand sich bis 1926 im Besitz des Landesregierungsrats und Reichsfreiherrn Rudolf Tinti in Graz, aus dessen Familie mindestens drei Mitglieder einer Loge angehörten, der es um 1800 Schilling an das Historische Stadtmuseum der Gemeinde Wien verkaufte. Heute befindet sich das Gemälde im Wien Museum.

Zu sehen sind auf dem Werk ein rauer Stein, zudem verschiedene Personen, deren Identität unbekannt ist. Mehrere Versuche, die Dargestellten mit Namen zu nennen, scheiterten – wobei sich die Fachleute fast einige sind, dass es sich bei dem Mann ganz rechts im Bild um Wolfgang Amadeus Mozart handelt. Ein weiteres Bild, das im Treppenhaus des Naturhistorischen Museums hängt, gibt Rätsel auf: eine Darstellung von Kaiser Franz I. Stephan und vier der bekanntesten Forscher seiner Zeit – drei Hof-Cabinets-Leiter und der Mediziner Gerard van Swieten – im Augustinergang der Hofburg. Gemalt wurde das Kunstwerk im Jahr 1773, also acht Jahre nach dem Tod des Monarchen, von Franz Messmer und Jakob Kohl.

Bemerkenswert ist, dass sich auf dem Gemälde Möbelstücke befinden, die an dieser Stelle der Residenz nie existierten. Hinzu kommt, dass ein vorhandener Teppich von Zeit zu Zeit seine Größe ändern soll und sich zu dem Kaiser und seinen Gelehrten hin und wieder auch andere Figuren gesellen, um bald darauf wieder zu verschwinden.

1992 hat eine Restauratorin mittels Infrarot- und Röntgenuntersuchung festgestellt, dass das Bild bis zu vier Mal übermalt wurde und man dabei auch mindestens zwei Personen eliminiert hat, die bis heute manchmal zum Vorschein kommen. Darüber hinaus existiert ein großer Kristall am unteren rechten Bildrand, der weder auf alten Fotos noch auf einem Film aus dem Jahr 1935 zu sehen ist. Da das Kunstwerk seit der Eröffnung des Museums 1889 an seinem heutigen Platz hängt, ist eine Übermalung ab diesem Zeitpunkt ausgeschlossen, da diese im Haus nicht unbemerkt geblieben wäre.

Natürlich gab es in Wien viele weitere mächtige Geheimorganisationen, elitäre Bündnisse und diskrete Gesellschaften, doch die meisten von ihnen hatten nur wenig bis gar keinen politischen und religiösen Einfluss.

Eine Ausnahme stellt die im 18. Jahrhundert rund zehn Jahre lang aktive und damals populärste Bruderschaft der Welt, die Illuminaten, dar, die angeblich bis heute im Verborgenen aktiv ist und weiter ihre Ziele verfolgt. Es heißt, es gäbe deutliche Hinweise auf eine Weiterexistenz dieser sagenumwobenen Männerloge – ebenso wie auch immer wieder die Namen von Personen genannt werden, die in die Fußstapfen ehemaliger Mitglieder getreten wären und den Weg zur Machtübernahme mit dem Ziel einer neuen Weltordnung beschritten. Beweise dafür fehlen allerdings. Der mysteriöse Geheimbund wurde 1776 in Oberbayern von dem Philosophen und Theologen Adam Weishaupt gegründet, der gegen die Dogmen der Kirche und die totalitäre Regierungsform der damaligen Zeit kämpfte. Um eine Veränderung der herrschenden Systeme zu erreichen, wollte er entscheidende Positionen im Machtgefüge mit seinen Verbündeten besetzen. Da viele Religions- und Politikverdrossene seinen Ideen folgten, schlossen sich den Illuminaten immer mehr Menschen an.

In Wien bildeten sich Illuminaten um 1780 aus Mitgliedern der Freimaurerloge „Zur wahren Eintracht" unter der Führung von Ignaz Born und Joseph von Sonnenfels, der sich unter Maria Theresia Regentschaft für die Abschaffung der Folter einsetzte. Schon bald empfand die herrschende Klasse diese stille Rebellion

allerdings als Bedrohung, sodass der Geheimbund bereits 1786 verboten wurde. Die anonymen Mitglieder, die bis in die Gegenwart die Geschehnisse auf der ganzen Welt beeinflussen sollen, erkennen sich angeblich an der Zahl 23. Sie hätte mystische Bedeutung für das Bündnis, in das mittlerweile auch Frauen aufgenommen werden.

In Wien wird eine Verbindung der Organisation zu der „Kleinen Gloriette" vermutet, die als „Tempel der Weisheit" früher als Kultplatz diente und in der sich die Mitglieder angeblich bis heute heimlich treffen.

Der Tod steht Wien gut

„Der Tod, das muss ein Wiener sein", so der Titel eines Lieds von Georg Kreisler aus dem Jahr 1969, das den schwarzen Humor der Stadtbewohner und die provokante Koketterie mit dem Thema widerspiegelt. Zwar ist der Sensenmann auch in der Donaumetropole nicht unbedingt willkommen, aber wenn er schon da ist, wird er mit zynischer Arroganz empfangen – oder auch mit Schadenfreude, wenn es sich um das Dahinscheiden derer handelt, die es vermeintlich verdient haben.

Als es beispielsweise in Wien noch Hinrichtungen gab, feierte das Volk am Tag der Vollstreckung eine fröhlich Galgenparty. Die ganze Stadt war auf den Beinen; die Schaulustigen trafen

sich schon früh am Morgen, standen beisammen, bis der Delinquent aus dem Gefängnis geführt wurde. Dann schlossen sie sich geifernd und schimpfend dem Menschenzug aus Polizeiagenten, Bewachungspersonal und Geistlichkeit an, welche die Verurteilten auf ihrem Weg zur Exekutionsstätte begleiteten. Dabei spuckten sie auf die dem Tod geweihte Person und warfen mit faulem Gemüse und rohen Eiern nach ihr.

Unter lautem Gejohle ging es unter anderem zum Hohen Markt, Alten Tabor (Gaußplatz), Schweinemarkt (Lobkowitzplatz) oder Rabenstein (Schlickplatz) zur öffentlichen Hinrichtung der Übeltäter, etwa durch Ertränken, Hängen, Vierteilen oder Enthaupten.

Am Exekutionsplatz angekommen, boten Frauen handschriftliche Kopien des Todesurteils als Andenken an dieses Fest zum Kauf an und verdienten sich damit ein kleines Zubrot. Zudem wurden die Gaffer, die sich in Volksfeststimmung befanden, mit Galgenbier und Arme-Sünder-Würsteln verköstigt, um die Wartezeit zu verkürzen. Betrat dann der Henker die Bühne, erreichte die Jubelstimmung ihren traurigen Höhepunkt, die erst wieder abflaute, wenn das Spektakel vorüber und der Delinquent seiner gerechten Strafe zugeführt worden war.

Besonders ambivalent war in Wien die Haltung gegenüber Scharfrichtern, die ab dem Jahr 1000 die Todesurteile vollstreckten und zudem die „peinliche Befragung" von Verdächtigen durchführten. Sie erhielten ein Honorar für jede Exekution, ab 1428 zusätzlich ein festes Gehalt, das teilweise aus Stiftungen stammte, und wohnten bis 1783 meistens beim Malefizspitzbubenhaus in der Rauhensteingasse 10.

Einerseits war der Henker eine gefürchtete und verabscheute Person, die man nicht berühren wollte, weil es angeblich Unglück brachte. Manche Menschen trauten sich nicht einmal, ihm in die Augen zu schauen, aus Angst, das Pech würde sie ab diesem Zeitpunkt verfolgen. Andere wechselten sogar den Platz, wenn sich im Lokal ein Scharfrichter an den Nebentisch setzte. Eine Zeit lang mussten die Männer ihre Kleidung mit bunten Streifen kennzeichnen, damit sie sich von den „ehrlichen Leuten" unterschieden. Andererseits hatten sie eine Sonderstellung inne und profitierten von ihrem Status als geheimnisumwitterte und berühmt-berüchtigte Person.

Im morbiden Wien hingegen begegnete man den Exekutoren mit Ehrfurcht und in manchen Fällen sogar mit Verehrung. Einige von ihnen wurden sogar zu Kultfigur, die echte Berühmtheit erlangten.

Zu diesen „Popstars" unter den Henkern zählte Josef Lang, der als letzter Scharfrichter in der österreich-ungarischen Monarchie bis 1919 als Vollstrecker von Todesurteilen tätig war – mit einer Bilanz von 39 Strangulationen am Würgegalgen im „Galgenhof" des Wiener Landesgerichts.

Anders als in den meisten Scharfrichter-Dynastien in Europa, in denen die Söhne beim Vater in die Lehre gingen und das Handwerk erlernten (die Meisterprüfung wurde mit 16 abgelegt und bestand aus einer ordnungsgemäß durchgeführten Enthauptung), begann Lang seine Karriere erst im Alter von 45 Jahren.

Nach einer Tischlerlehre, dem Militärdienst und seiner Tätigkeit als Heizer bei der Wiener Gasgesellschaft hatte der Hüne 1885 ein Lokal im Haus Geystraße 5 im Bezirk Simmering gekauft und war fortan als gemütlicher und trinkfester Wirt bei jedermann beliebt. Zu seinen Stammgästen zählte auch der Wiener k. u. k. Scharfrichter Karl Selinger, der in Pension gehen wollte und Lang dazu überredete, seine Nachfolge anzutreten. Obwohl der lustige Kaffeesieder eigentlich zu alt für den Staatsdienst war, wurde er mit einer Ausnahmeregelung per Dekret am 27. Februar 1900 zum Freimann von Wien ernannt, da es keine anderen geeigneten Bewerber gab.

Mitten im Ersten Weltkrieg entstand am 12. Juli 1916 das bekannte Foto vom „lachenden Henker", das einen fröhlichen Lang bei der Hinrichtung zeigt und damals um die Welt ging.

Bei dem Exekutierten handelte es sich um Cesare Battisti, einen italienischen Offizier und österreichischen Abgeordneten, der auf der Seite seines Heimatlands kämpfte. Auf der Abbildung thront der schnauzbärtige Scharfrichter im Anzug mit Fliege und Melone über den grinsenden Zuschauern, vor ihm hängt Cesare Battisti im karierten Anzug mit rechts zur Seite gefallenem Kopf am Richtpfahl.

Josef Lang genoss als typischer „Wiener Spezi" und zugleich respektable Amtsperson hohes gesellschaftliches Ansehen. Der salonfähige Henker war als geschätzter Gesprächspartner ein gern gesehener Gast auf den feudalen Festen der High Society und wurde speziell von den Damen mittleren Alters hoch verehrt. Gerne erzählte Lang im breiten Simmeringer Dialekt mit viel Witz Anekdoten aus seinem Berufsalltag, berichtete beispielsweise über die Exekution des Dreifachmörders Stephan Wanyek, der „bis zuletzt verstockt und ohne Reue blieb", geistlichen Zuspruch abgelehnt und sich als Henkersmahlzeit unter anderem Schnitzel und Bier bestellt hatte.

Manchmal wurde der bullige Mann allerdings fast auch poetisch, wenn er von seiner Arbeit sprach – es hätte etwas Mystisches, das Leben aus einem Menschen weichen zu sehen und zu erleben, wie ihn der Tod in Empfang nahm. Der einen oder anderen hochwohlgeborenen Dame, die für Josef Lang schwärmte, dürften bei diesen Worten die Sinne geschwunden sein.

Die Wiener mochten ihren „Pepi" jedenfalls; nicht nur, weil er einer von ihnen geblieben war und offen und freundlich auf die Menschen zuging, sondern weil er als Scharfrichter für das „humane Töten" eintrat. Er hielt Hinrichtungsmethoden, welche unnötige Schmerzen oder eine Verlängerung der Qualen verursachten, für barbarisch und unnötig. Er wies gerne darauf hin, dass die zum Tod Verurteilten bei ihm während der Vollstreckung kein Leid, sondern vielmehr eine Art von „Wohlbefinden" verspürten.

Lang behauptete sogar, er hätte seine Methode selbst praktiziert und sich von seinem Gehilfen strangulieren lassen, bis er fast gestorben wäre. Seine Höchstleistung vom Anlegen des Stricks bis zum Exodus betrug 40 Sekunden, die meisten anderen Henker benötigten meist mehr als eine Minute. Dauerte es bei einem Freimann sogar noch länger oder ging bei der Hinrichtung etwas schief, hatte er eine hohe Strafe zu bezahlen oder wurde sogar vorübergehend dienstfrei gestellt.

Die Nachricht über diese humane Praxis verbreitete sich bis nach Amerika, woraufhin Josef Lang ein gut dotiertes Angebot aus dem Staat Kentucky erreichte. Der Wiener Henker lehnte jedoch höflich ab, wollte er doch in der Heimat bleiben.

Mit dem Ende der Monarchie und der Abschaffung der Todesstrafe im Jahr 1919 wurde der Scharfrichter arbeitslos. Er erhielt vom Staat eine kleine Rente und arbeitete zusätzlich als Hausmeister in der Gottschalkgasse 1, zwei Gehminuten von seinem ehemaligen Kaffeehaus entfernt.

Josef Lang starb am 21. Februar 1925 und wurde im Beisein von rund 10.000 Menschen, die dem beliebten Henker das letzte Geleit gaben, am Simmeringer Friedhof beerdigt.

In Wien hat man bereits im Mittelalter nach Katastrophen mit zahlreichen Todesopfern, grausigen Mordtaten und seltsamen Vorkommnisse Moritaten gedichtet. Es handelte sich dabei um schaurige Balladen, die von Bänkelsängern (die so hießen, weil sie für ihre Darbietung meist auf Bänke stiegen, um besser gesehen und gehört zu werden) auf Marktplätzen oder in Wirtshäusern vor Publikum vorgetragen wurden. Man hat damit einerseits die Menschen über das Geschehen in der Stadt informiert und auf dem Laufenden gehalten, doch ebenso dienten die oft tiefschwarzhumorigen Texte der Unterhaltung der Stadtbewohner in schweren Zeiten.

Die Lieder spiegelten die Meinungen und Stimmungen im Volk wider. Besonders wichtig waren die Endreime, da sie meist die „Moral von der Geschichte", ironische Schlussfolgerungen, Warnungen oder besänftigende Botschaften enthielten.

Üblicherweise stellten die Bänkelsänger auch Schautafeln und Leinwände auf und präsentierten darauf die Ereignisse, die sie intonierten, auf Bildern. Sie arbeiteten häufig im Familienbetrieb: Der Vater trug die Balladen vor, die, niedergeschrieben auf Papier, von der Mutter und den Kindern verkauft wurden.

Die auch „singende Zeitungen" genannten Künstler, die viel herumkamen und aus allen Teilen des Landes von verschiedensten Vorkommnissen berichteten, erfreuten sich auch in Wien großer Beliebtheit. Sie brachten die Menschen zum Staunen, Lachen und auch zum Fluchen – was wiederum der Obrigkeit ein Dorn im Auge war. Aus diesem Grund gab es immer wieder Polizeiverordnungen gegen die Sänger und ihre *leichtfertigen und unschlamperen Texte, die die weltlichen und geistigen Stände verspotteten und Zwietracht stifteten.* Mit wenig Erfolg, weshalb sich die Moritaten bis in die zweite Hälfte des 19. Jahrhunderts hielten.

Auch der „liebe Augustin", der im 17. Jahrhundert als Bänkel-sänger und Sackpfeifer Marx Augustin auftrat und die Bevölke-rung in Zeiten der Pest mit lustigen Liedern unterhielt, ließ sich den Mund nicht verbieten. Laut einer Wiener Sage war er 1679 nach ausgiebiger Zecherei auf der Gasse liegend gefunden und in eine Pestgrube bei der Kirche St. Ulrich geworfen worden. Als er verkatert wieder ein Lebenszeichen von sich gab, holte man ihn heraus und konnte ihn retten.

Marx Augustin traf man meist entweder im Griechenbeisl (Fleischmarkt 11/Griechengasse 9), an dessen Fassade das Holz-relief eines Dudelsackpfeifers angebracht ist, oder in der Wein-schenke Der rote Sabelkeller (Wipplingerstraße 25) an. Dort unterhielt er die Gäste die ganze Nacht mit seinen Texten und bekam dafür von ihnen seine Getränke bezahlt. Seiner heiteren Gelassenheit und freundlichen Art verdankte er die volkstümli-che Bezeichnung „lieber Augustin". Er ist als Figur mit Dudel-sack auf einem Brunnen verewigt, der sich auf dem Augustiner-platz befindet.

Nicht nur in den Moritaten, sondern auch in zahlreichen Wie-nerliedern wird der Tod besungen – auf die typische morbide Art, mit der man in der österreichischen Hauptstadt mit dem Thema umgeht: einem ausgewogenen Verhältnis zwischen bittersüß-melancholischer Koketterie und ironisch-intimer Hassliebe.

Und der Mensch im Leichentuch
Bleibt ein zugeklapptes Buch.
Darum Wand'rer zieh' doch weiter,
Denn Verwesung stimmt nicht heiter.

Teil der selbst verfassten Grabinschrift des Wiener Schriftstellers Ferdinand Sauter, auf den auch der Ausspruch „Verkaufts mei Gwand, i bin im Himmel" zurückgeht.

Besonders schaurig mutet der Begräbniskult der Habsburger im alten Wien an, der mit einem mystischen Ritual vor einer wuchtigen Kirchentür endet. Die letzte Ruhestätte der Dynastie stellt seit 1617 die auch als Kaisergruft bezeichnete Kapuzinergruft am Neuen Markt nahe der Wiener Hofburg dar. Da man aber auch die Hofpfarrkirche St. Augustin und den Stephansdom in die Zeremonie beim Ableben eines Familienmitglieds einbeziehen wollte, entschloss man sich zu einer dreigeteilten Bestattung: Der Körper sollte in der Kapuzinergruft ruhen, die Herzen in der Herzgruft der Loreto-Kapelle in der Augustinerkirche und die Eingeweide in der Krypta des Stephansdoms.

Abgeschaut von den alten Ägyptern, die das Gedärm und die Organe der Pharaonen ebenfalls separat bestatteten, wurde diese Tradition erstmalig mit dem Ableben Kaiser Ferdinands IV. 1654 und zum letzten Mal mit dem Tod Erzherzog Franz Karls 1878 praktiziert.

Die Gestaltung der Särge und Grabmale unterwarfen die Habsburger eher dem Zeitgeist als dem persönlichen Geschmack: Die ursprünglich einfache christliche Symbolik an den Sarkophagen wurde Ende des 17. Jahrhunderts von einer zunehmend prunkvollen Gestaltung der vorwiegend weltlichen Herrschaftszeichen abgelöst. Diese Entwicklung fand ihren Höhepunkt mit dem pompösen Doppelsarkophag von Maria Theresia und Franz I. Stephan. Der gemeinsame Sohn Joseph II. bevorzugte wieder eine eher schmucklose letzte Ruhestätte, ein Trend, der sich mit schlichter Monumentalität in den folgenden Jahrhunderten fortsetzte.

Beim letzten in der Kapuzinergruft bestatteten Habsburger handelt es sich um den Sohn von Zita und Karl I., bei dem ein jahrhundertealtes Ritual wieder auflebte, das bei vielen seiner Vorfahren zur Anwendung gelangt war: „Wer begehrt Einlass?", fragte der Kustos, als der Zeremonienmeister an die Kirchentür klopfte. Es wurden daraufhin die Titel des Verstorbenen genannt, woraufhin die Antwort erklang: „Wir kennen ihn nicht!" Zweimal wiederholte sich dieser Vorgang. Erst wenn nur der Vorname genannt wurde, wurde der Sarg schließlich in die Gruft aufgenommen.

Doch nicht alle sterblichen Überreste von Menschen ruhen auf einem Friedhof. In der ganzen Stadt verstreut gibt es jede Menge Gebeine, die man sich ansehen kann oder die – ganz im Gegenteil – vor den Augen der Allgemeinheit verborgen an Orten liegen, an denen man nie mit ihnen rechnen würde.

Neben der Kapuzinergruft und den Katakomben im Stephansdom – unter dem man in jüngerer Vergangenheit sogar auf Skelette in Steinsärgen aus der Römerzeit gestoßen ist – befinden sich in der Michaelerkirche als ehemalige Hofpfarrkirche der Habsburger die bekanntesten Grabkammern Wiens. Dort existiert neben dem Beinhaus unter anderem eine Schausammlung von Mumien, die besichtigt werden kann.

Die erste Bestattung in der Michaelerkirche fand 1341 statt, wie die älteste erhaltene Grabplatte am Boden des Gotteshauses beweist. Es war in jener Zeit üblich, dass sich die Friedhöfe direkt bei den Kirchen mitten in der Stadt befanden, doch das hielt die Bevölkerung bald für unappetitlich. Der Leichengeruch hing in den engen Wiener Gassen, Ratten und anderes Ungeziefer tummelten sich zwischen den Grabsteinen. Und da man die Toten damals nicht tief begraben hat, wurden sie entweder von hungrigen Hunden ausgegraben, die dann mit Knochen im Maul durch die Straßen liefen, oder vom Regen freigelegt.

Bis 1783 hat man insgesamt etwa 4000 Personen über eine Totenrutsche in die Tiefe unter der Michaelerkirche befördert, die dort ihre letzte Ruhe fanden.

In den 19 Grüften gibt es heute nur noch 211 Holz-, 33 Metall- und zwei ummauerte Särge, die restlichen Totenkisten samt Inhalt sucht man vergebens. Das Rätsel der verschwundenen Leichen wurde 1951 bei Grabungen im Mittelschiff gelöst, als man auf zwei Schichten Knochen und Kleidung stieß: Die Holzsärge waren früher von Zeit zu Zeit aus Platzgründen abtransportiert und verbrannt, deren Insassen mit Lehm und Sand bedeckt und im Boden eingestampft worden – Besucher der Katakomben wandeln also auf einem etwa eineinhalb Meter hohen Belag aus toten Menschen.

Kaum eine Kirche in unserem Land, ja vielleicht weit darüber hinaus, hat diese Möglichkeit, den modernen Menschen so „schonungslos" zu zeigen, dass das „Oben" mittels eines natürlichen Scharniers mit dem „Unten" verbunden ist…
Memento homo quia pulvis es et in pulverem reverteris! (Gedenke Mensch, dass du Staub bist und zum Staub wiederkehren wirst.)

Die Mumien in den Schau-Katakomben der Michaelerkirche sind aufgrund besonderer klimatischer Verhältnisse, gekennzeichnet durch eine gleichbleibende Temperatur und einen feinen Luftzug, nicht verwest. Bei den Leichnamen, die auf Flüssigkeit aufsaugende Holzspäne gebettet wurden, handelt es sich um Adelige, gewandet in barocke Kleidungsstücke wie Gehrock, Umhänge, Seidenpantoffeln oder Schnallenschuhe, mit einst eleganten Perücken auf dem Kopf. Die größtenteils anonymen Toten liegen in Särgen, die mit Blumen, Totenköpfen, Vergänglichkeitssymbolen wie Sanduhren und auch sakralen Motiven bemalt sind, und halten in vielen Fällen einen letzten Abschiedsgruß der Hinterbliebenen in ihren Händen: staubige Rosenkränze, verblichene Andachtsbilder und vertrocknete Blumen. Eine der Ausnahmen stellt der bürgerliche italienische Dichter und Librettist Pietro Metastasio, besser bekannt als Antonio Pietro, dar, der im 18. Jahrhundert Libretti für unter anderem Mozarts Opern schrieb.

Unter den Leichnamen befindet sich auch eine nicht verweste junge Frau, die man offensichtlich hochschwanger bestattet hatte. Ganz in ihrer Nähe liegt ein Mann mit eingedrücktem Brustkorb, der vermutlich von einer Kutsche überfahren wurde.

Während Führungen durch die Michaelergruft erst 1977 mit dem Einleiten des elektrischen Lichts möglich gemacht wurden, konnte man in den Katakomben des Stephansdoms bereits ab Beginn des 19. Jahrhunderts „Mumien schauen" gehen. Mit einer Kerze in der Hand war man dort dem Tod so nahe wie sonst nirgendwo in Wien und hat die Mystik der Vergänglichkeit allen Lebens hautnah erlebt.

179

Eine ausländische Mumie ist im Museum des Mechitaristenklosters in der Neustiftgasse 4 im Bezirk Neubau zu sehen: Es handelt sich angeblich um eine ägyptische Tempelsängerin, die in einem Sarkophag ruht. Zwei weitere unverweste Leichen, Ptolemäerinnen aus dem 2. bis 1. Jahrhundert v. Chr., liegen in Glaskästen in der Bibliothek des Theresianums; sie waren im 19. Jahrhundert als Geschenk eines ägyptischen Fürsten nach Wien gekommen.

Doch in Wien gibt es noch mehr menschliche Überreste abseits der üblichen Begräbnisstätten – die Knochenhaufen und

Skelette sind seit der Römerzeit überall unsichtbar in der Hauptstadt verteilt, Millionen davon. Sie befinden sich unter den Straßen, auf denen die Menschen zur Arbeit gehen, unter dem Schanigarten, in dem sie nach Feierarbeit gemütlich ein Bier trinken, und unter den Häusern, in denen sie wohnen.

So gab es etwa im Bezirk Alsergrund, der historisch der ehemaligen Vorstadt „Siechenals" zugeordnet war, gleich drei Bestattungsanlagen zwischen der Sensengasse und der Spitalgasse, die aufgrund der bereits erwähnten Josefinischen Reform 1784 aufgelassen wurden. Aus den Grabungen unter dem Sportplatz, dem Haus der Forschung und einigen Wohnparks hat man im Jahr 2006 interessante und detaillierte Erkenntnisse zum sozialen Status der hier begrabenen rund 1800 Toten und zur Medizingeschichte Wiens gewonnen.

Bei dem Gottesacker, der zum „Bäckenhäusel" (das ab 1656 als Armen- und Seuchenhaus für verarmte Wiener Bürger diente, 1706 vom Bürgerspital erworben und 1868 geschlossen wurde) in der Währinger Straße 42 gehört, stellte man fest, dass Sargnägel fehlten. Das deutet auf ein Bestatten der Toten in Tüchern oder Säcken hin, was wiederum erahnen lässt, dass es sich bei den Verstorbenen um arme Leute gehandelt haben muss.

Im Bereich der Boltzmanngasse 9–9a befand sich ab etwa 1717 der „Spanische Friedhof". Es wurden 61 in Reihen angelegte Gräber dokumentiert und rund 100 Skelette und Holzsärge geborgen. Diese Bestattungsstelle gehörte zum Spanischen Spital, das unter Karl VI. im Zuge des Spanischen Erbfolgekriegs für seine getreuen spanischen Veteranen eingerichtet wurde.

Direkt unter der heutigen Sportanlage entlang der Spitalgasse befand sich der größte der drei Gottesacker im Bezirk Alsergrund, er wurde von der Stadt Wien 1765 eingerichtet und nannte sich „Neuer Schottenfriedhof". Hier hat man die Toten auf dem Rücken und mit dem Kopf nach Norden beerdigt, die Arme waren im Bereich des Oberkörpers angewinkelt oder überkreuzt.

Am nördlichen Ende des Fußballplatzes fanden die Archäologen ein Areal, das der Bestattung von Kindern diente.

Im Bezirk Josefstadt befand sich ein riesiger Friedhof unter dem heutigen Landesgericht und unter dem Haus Nummer 15 in der Blindengasse hat man bereit 1906 neben einem neuzeitlichen Grabstein römischen Brandgräberschutt entdeckt. Das antike Volk verbrannte seine Toten mit Beigaben auf einem Scheiterhaufen und bestattete die Überreste in Urnen oder streute sie in Gruben.

Auch in der Josefstädter Straße, auf Höhe Nummer 41 und 43, wurde ein Teil der Wiener Geschichte offenbar: 1889 entdeckte man beim Neubau der Kapelle des ehemaligen Zivil-Mädchenpensionats ein römisches Ziegelgrab, dessen Steine teilweise mit Stempeln der 14. Legion versehen waren. 1903 fand man Keramiküberreste und weitere Knochen.

Im Jahr 2000 stießen Archäologen beim Bau einer Ausstellungshalle bei der Albertina in über 17 Metern Tiefe ebenfalls auf Gräber. Es stellte sich heraus, dass es sich dabei um einen Friedhof im Bereich des Legionslagers Vindobona handelte. Entdeckt wurden rund vierzig Brandschüttungs- und Urnengräber, die auf Mitte des 2. bis Anfang des 3. Jahrhunderts n. Chr. datiert werden konnten. Beim Weitergraben ist man dann noch auf weitere 97 Überreste menschlicher Körper gestoßen, darunter auch solche von Jugendlichen und Kindern. Bei den Grabbeigaben handelte es sich unter anderem um Töpfe, Krüge, Öllämpchen, Schmuck und Münzen.

In der Innenstadt wurde im Hof des Schottenstifts 2002 dreieinhalb Meter unter der Erde ein Massengrab mit etwa 380 Skeletten freigelegt. Hier ruhten die Toten, die in zwölf bis 13 Lagen übereinandergeschichtet waren, Kopf an Fuß, die Arme in Gebetshaltung gefaltet. Wie sich bei näheren Untersuchungen herausstellte, handelte es sich bei den Verstorbenen um Opfer einer lokalen Seuche, die um 1500 in Wien gewütet haben muss.

Unter dem Haus am Schottenring 7 ist man wiederum auf Gräber gestoßen, die vermutlich Teil eines mittelalterlichen Friedhofs waren, der vom 13. bis zum 16. Jahrhundert zum ersten Bürgerspital der Stadt Wien gehörte.

Eine kriegsbedingte Begräbnisstätte findet sich unter dem Albertinaplatz, auf dem einst der Philipphof, eines der größten Wohnhäuser der Stadt, stand. Als ihn am 12. März 1945 eine Bombe traf, wurden Hunderte Menschen im Keller des Gebäudes verschüttet, die nie geborgen werden konnten und sich dort bis heute unter der Erde befinden.

Und in der Wipplingerstraße 27 liegen im Keller eines Möbeldesigners die Gebeine eines Römers, die man durch ein Fenster im Fußboden besichtigen kann. Ursprünglich befand sich an dieser Stelle ein spätantiker Friedhof, von dessen Mauer noch ein Teil vor Ort erhalten geblieben ist.

Keine Skelette liegen allerdings unter den Grabsteinen am Ufer des Wienflusses. Die Platten wurden vor etwa 60 Jahren aufgrund von Baustoffmangel bei der Regulierung des Gewässers verwendet und stammen vermutlich von damals gerade aufgelassenen Friedhöfen. Eigentlich hätten die Grabsteine mit der Inschrift nach unten eingesetzt werden sollen, aber das ist nicht
überall so passiert. Viele wurden von der Stadt Wien bereits geschliffen bzw. hat die natürliche Abnutzung die Daten unleserlich gemacht, doch einige Namen sind tatsächlich noch zu entziffern.

Da sich die Menschen davor fürchteten, lebendig begraben zu werden und in ihrem Sarg qualvoll zu ersticken, existierten einige medizinische Vorkehrungen, damit dies nicht geschehen konnte – so verfügten unter anderem Johann Nestroy und Arthur Schnitzler, dass man ihrer Leiche beim Auffinden ins Herz stechen sollte, damit der Tod zweifelsfrei eingetreten war, ehe man unter die Erde kam.

Natürlich gab es auch Bestrebungen, den Sensenmann zu überlisten. Man wollte länger leben, als es das Schicksal für einen vorgesehen hatte, oder gar nach seinem Tod wiederauferstehen.

Im Haus Schönlaterngasse 9 soll ein berühmter Arzt und Diagnostiker versucht haben, dem Schicksal zu trotzen. Dr. Paul Urssenbeck soll 1487 den Kämmerer Wilhelm von Auersperg wieder zum Leben erweckt haben und war dafür im Vorfeld einen Pakt mit dem Teufel eingegangen, wie gemunkelt wurde. Als Auersperg seinem Retter viel Geld bot, damit dieser auch seine Tochter aus dem Grab holte, hat den Mediziner selbst der Tod ereilt. Seine Leiche wurde auf dem Friedhof von St. Stephan beigesetzt.

Nirgendwo in Wien wird die morbide Einstellung zum Tod so plakativ zur Schau gestellt, ja sogar zelebriert, wie im Wiener Bestattungsmuseum auf dem Zentralfriedhof. Wo man wie in Tim Burtons Film „Corpse Bride" die Welt in ein Reich der Toten und eines der Lebenden teilt, kann man anhand von rund 250 Schaustücken der Liebäugelei der Wiener mit dem Sensenmann nachspüren.

In der denkmalgeschützten Jugendstil-Aufbahrungshalle 2 sind Utensilien ausgestellt, die Scheintoten die Möglichkeit gaben, in ihrem Grab auf sich aufmerksam zu machen. Dazu zählt beispielsweise der sogenannte Rettungswecker, der sich beim Friedhofsportier befand und von dem eine Schnur ins Innere des Sargs führte. Diese war an einem Finger oder Zeh des Verstorbenen befestigt und daran konnte bei Erwachen gezogen werden. Allerdings handelte es sich bei dem Läuten meist um einen Fehlalarm, der durch die noch nach dem Dahinscheiden auftretenden Kontraktionen des Leichnams ausgelöst wurde.

Da früher Fehler bei der Feststellung des Exitus an der Tagesordnung waren, diente die Konstruktion nicht nur der Beruhigung der noch Lebenden – sie dürfte in damaligen Zeiten etliche Scheintote vor dem Erstickungstod gerettet haben.

Weitere Themen im Bestattungsmuseum sind die Trauermode im Wandel der Zeit oder die ein oder andere auf Zelluloid gebannte „schöne Leich". Zudem finden sich auch zahlreiche äußerst skurrile Schaustücke in der Ausstellung, in der man dem Tod mit sehr viel morbidem Humor begegnet. Man kann etwa den Sparsarg besichtigen, den Kaiser Joseph II. 1784 zur Kostenschonung bei Begräbnissen eingeführt hat. Befand sich die Holzkiste über der Bestattungsstelle, klappte die Unterseite auf und der Verstorbene fiel in das Erdloch. Die Wiener zeigte sich allerdings wenig erfreut von dem wiederverwertbaren Sarg und protestierten gegen die Nachhaltigkeitsmaßnahme, sodass der Monarch die Leihkisten wieder abschaffte.

Ebenfalls zu besichtigen ist der Sitzsarg eines Unternehmens in Atzgersdorf, den man nach einem Bild des surrealistischen Malers René Magritte angefertigt hat.

Im Bestattungsmuseum außerdem dokumentiert sind die Versuche der Einäscherung menschlicher Überreste, die in Wien seit 1923 praktiziert wird. Allerdings hat die katholische Kirche diese erst 1966 mit der Erdbestattung gleichgestellt – auch wenn bis heute gilt, dass die „fromme Gewohnheit" der Kremierung vorzuziehen sei. Vermutlich ist die hohe Geistlichkeit immer noch der Auffassung, dass nur die Sünder im Feuer schmoren sollten, nicht aber die braven Schäfchen.

Den ersten funktionstüchtigen Leichenverbrennungsofen hat 1873 Friedrich Siemens konstruiert, der sogar im Verkaufslokal des Unternehmers am Opernring ausgestellt war. Es dauerte aber noch weitere 50 Jahre, bis der Gemeinderat die Errichtung eines Krematoriums genehmigte, woraufhin am 2. Mai 1992 auf einem Areal mit der heutigen Adresse Simmeringer Hauptstraße 339 im Bezirk Simmering der Spatenstich zur ersten Wiener Feuerhalle erfolgte.

Bereits in der Antike war es üblich, Gipsabdrücke von den Gesichtern Verstorbener kurz nach ihrem Dahinscheiden zu nehmen, diese mit Wachs auszugießen und auf diese Weise Totenmasken herzustellen. Besonders an Bedeutung erlangten diese Abdrücke allerdings erst mit dem Geniekult im 18. Jahrhundert. Diese wurden dann als eine Art Prestigeobjekt erworben und im privaten Wohnraum präsentiert, vorwiegend die von bekannten Künstlern.

Die Museen und Gedenkstätten dieser Welt sind heute daher voll von diesen Wachsmoulagen berühmter Persönlichkeiten.

Auch im Wien Museum existiert eine bedeutende Sammlung von rund 280 Totenmasken, die allerdings nur selten ausgestellt wird, da die Objekte äußerst empfindlich sind. Besonders wertvoll sind dabei die Erstabgüsse, weil sie das Gesicht besonders genau abbilden und häufig noch Spuren wie feine Härchen zeigen. Weitere Totenmasken und Handabdrücke berühmter Verstorbener findet man im Bestattungsmuseum. Noch heute erhalten Unternehmen hin und wieder den Auftrag, solche Erinnerungsstücke infolge des Ablebens eines geliebten Menschen anzufertigen, allerdings wird die Nachfrage immer geringer.

Im 19. Jahrhundert gewann eine andere Erinnerungskultur, nämlich die Totenfotografie, zunehmend an Bedeutung. Dabei wurden die Verblichenen bekleidet, geschminkt und frisiert, als wären sie noch am Leben. Manchmal gab man ihnen auch Gegenstände in die Hand, die sie davor auch gerne bei sich hatten, beispielsweise kleinen Kindern ihr Lieblingsspielzeug. In manchen Fällen saßen sie in einem Schaukelstuhl, lagen im Bett oder wurden zusammen mit ihrer Familie am Esstisch platziert.

Häufig haben die Fotografen gemeinsam mit der Verwandtschaft Szenen von einer Situation nachgestellt, welche die verstorbene Person nicht mehr erleben durfte – etwa ein junges Mädchen im Brautkleid, das kurz vor seiner Hochzeit verstarb und neben ihrem trauernden Zukünftigen mit einem Gestell im Rücken vor einem Altar stehend abgelichtet wurde.

Auch von den großen Herrschern wurden Postumbilder angefertigt, in Schaukästen im ganzen Land aufgehängt und Händlern als „Carte de visite" zum Weiterverkauf angeboten. Nach Kaiser Franz Josephs Ableben kursierten in Wien einzelne Fotos von seinem Leichnam bei den Begräbnisfeierlichkeiten, aber auch Mehrfachpackungen, etwa im Set von mehrere Postkarten, die neben der Aufbahrung auch den pompösen Leichenzug zeigten.

Eines der bekanntesten Totenfotos entstand von Kronprinz Rudolf, das große Bestürzung in der Bevölkerung hervorrief und um die Welt ging. Es zeigt den Thronfolger mit breiter Bandage rund um seinen Kopf, welche die Schusswunde verdecken sollte, die sich Rudolf selbst zugefügt hatte. Doch diese Aufnahme stellt nicht nur den toten Körper des Kaisersohns dar – sie bildet zugleich auch das Gefühl der Ausweglosigkeit ab, die zu dem Selbstmord führte, und rückte die Verzweiflungstat nahe an den Betrachter des Bilds heran.

Die Ablichtung von Leichen ist mittlerweile von einem praktizierten Brauch zu einem gesellschaftlich nicht mehr akzeptierten Bereich des Totenkults geworden. Üblich hingegen ist die Sternenkindfotografie, bei der Bilder von vor oder kurz nach der Geburt verstorbenen Babys entstehen, die für die Eltern einen wichtigen Bestandteil der Trauerarbeit darstellen.

Die dunkle Stadt im Untergrund

Unterhalb der Innenstadt befinden sich nicht nur Grüfte und römische Siedlungsspuren aus einer Zeit, als Wien noch etwa zehn Meter unter dem heutigen Straßenniveau lag, sondern auch riesige Gewölbe, tiefe Schächte und verborgene Nischen, verbunden durch ein verwinkeltes Gangsystem mit zahlreichen Treppen und Türen.

Viele Bereiche der zweiten und oft sogar dritten Ebene unter der Erde sind bereits erschlossen und teilweise zugänglich. Aber immer noch existieren Kammern in diesem unterirdischen Reich, die seit Ewigkeiten ungenutzt sind und in einer Art Dornröschenschlaf liegen und die vielleicht irgendwann im Zuge von Bau- oder Renovierungsarbeiten entdeckt werden.

In den oft mehrere Stockwerke in die Tiefe reichenden Kellerräumen vieler Gebäude, in welchen schon vor Jahrhunderten Menschen lebten und arbeiteten, geheime Forschungen betrieben oder illegalen Tätigkeiten nachgingen, herrscht eine besonders mystische Stimmung vor. Die dicken Mauern dünsten das Odeur der Nutzung über viele Generationen hinweg aus, durch die Luft fliegt Staub, der sich über Jahrhunderte hinweg angesammelt hat. Es herrscht eine extreme Dichte an Energie vor, die sich für Zartbesaitete regelrecht erdrückend anfühlen kann.

Die meisten dieser mit gebrannten Ziegeln gemauerten Gewölbe unter der Stadt entstanden im Mittelalter und wurden früher üblicherweise zur Aufbewahrung von Lebensmitteln und Getränken verwendet. Einige davon existierten auch unter Wohnhäusern und dienten als private Vorratskammern. Speziell unter Wirtshäusern und Hotels hat man auch fässerweise Wein gelagert. Die Wirte durften den Rebensaft zwischen 9 und 21 Uhr, im Sommer bis 22 Uhr, verkaufen, außerdem immer nur Rot- oder Weißwein, je nach Lokal.

Die Überreste eines alten Bierhauses existieren unter dem Michaelerplatz, der schon in der Römerzeit als Kreuzung der verlängerten Hauptstraße mit der Limesstraße einen Dreh- und Angelpunkt der Stadt darstellte. Dort befand sich in Vindobona das lebhafte Vorstadtviertel mit Tavernen und anderen Vergnügungsetablissements. Ab 1750 befand stand auf dem Areal das Michaeler Zechhaus, in dem es sich die Fiaker während der Rast zwischen den Fahrten bei einem Krügel und einem Gulasch gemütlich machten und die Bereiter aus der Spanischen Hofreitschule nach Dienstschluss ihren Durst löschten. Nach der Schließung des Lokals verfielen die weitläufigen und mehrstöckigen Kelleranlagen, in denen sich bis heute eine vermoderte Fassrutsche, Fleischerhaken an den Ziegelwänden und jede Menge zerbrochene Bierflaschen befinden.

Es gab natürlich auch eine Vielzahl von Gewölben, die bewirtschaftet wurden (und teilweise noch werden), beispielsweise im Zwölf-Apostel-Keller (Sonnenfelsgasse 3), in dem man nach vier Treppen die dritte unterirdische Etage erreicht und sich damit in ca. 18 Meter Tiefe befindet. Auch das Brezl-Gwölb (Ledererhof 9) verfügt über einen dreistöckigen Keller, der allerdings nicht zugänglich ist. Der Lenaukeller (Lenaugasse 11) im Bezirk Josefstadt, bei dem sich 2500 Quadratmeter Nutzfläche auf drei Ebenen verteilen, führt sogar in zwanzig Meter Tiefe.

Darüber hinaus gibt es auch im Esterházykeller (Haarhof 1), in dem bereits im 17. Jahrhundert Wein ausgeschenkt wurde, derlei mystische Gewölbe, ebenso wie im Melkerhof (Schotten-

189

gasse 3), in dem sich der Heurige Melker Stiftskeller befindet. Bis 1838 hat man auch im alten Seitzerhof (Tuchlauben 7) Wein ausgeschenkt, angeblich die „besten Rebsorten der Residenz", ein „Ocean an Rebenblut", wie es Friedrich Schlögl einst formulierte. Der Schriftsteller bemerkte außerdem, dass sich dieses Lokal vom „üblichen Kellerparfüm" abhob, das da lautete: „muffig, finster und unsauber".

Ein weiteres tiefes Gewölbe liegt unter dem ehemaligen Stadtbeisl (Naglergasse 21), das erst Anfang 2008 im Rahmen von Bauarbeiten freigelegt wurde und von dem ein Tunnel bis unter den Schwedenplatz führt.

In den um 1820 rund 60 florierenden Wirtschaften in der „Unterwelt" von Wien – von der „dumpfigsten Tempelfiliale des Bacchus" bis hin zum eleganten Kellerlokal – verkehrten einst Künstler, Gelehrte, Sesselträger, Prostituierte und Strizzis. Dort wurde getrunken, Karten gespielt und so mancher Braten mit Knödeln verschlungen, eingehüllt in Alkoholdunst und Zigarrenrauch. Aus dem 18. Jahrhundert ist der Brauch überliefert, neu eröffnete Weinschänken durch Ausrufer in der Stadt bekannt zu machen und gleich auf der Straße Probeschlückchen zu verabreichen.

Auch im Heiligenkreuzerhof in der Schönlaterngasse, der im 12. oder 13. Jahrhundert im Auftrag des Zisterzienserstifts Heiligenkreuz erbaut wurde, existiert unter der Anlage eine riesige Halle – es handelt sich dabei um das ehemalige Wein- und Bierdepot des Gebäudes, in das die Lieferanten der Klosterbrüder mit Kutschen einfuhren und dort die Fässer abluden. Es gibt dort auch eine besonders steile Stiege, über die Behältnisse „gerutscht" werden konnten.

Unter einem Supermarkt in der Silbergasse 52 im Bezirk Döbling hat ein bekannter Sekthersteller einen riesigen Hohlraum als Lager für seine Produkte verwendet – darin stehen bis heute Fässer, die kunstvoll geschnitzte Reliefs aufweisen. Außerdem findet man in der vergessenen Sektkellerei neben modrigem Kelleratem eine große Menge an Flaschen mit vergilbten Etiketten aus einer längst vergangenen Zeit, morsche Holzschreibtische und diverse Gegenstände zum Abfüllen des alkoholischen Getränks.

Ebenso befand sich unter der Hofburg einst ein riesiger Weinkeller, der im 17. Jahrhundert angelegt wurde und sich zwischen dem inneren Burghof und dem Leopoldinischen Trakt erstreckte. Außer morschen Weinfässern lagern dort seit den 1940er-Jahren Gipsmodelle bekannter Denkmäler und Statuen von Wien.

Zum Keller unter der Hofburg existiert auch eine Sage der Weißen Frau aus Wien: *In dem düsteren Gewölbe liegt ein Schatz versteckt, den die weiße Frau behütet und, man weiß nicht wann, einem Würdigen anvertrauen wird. Sie zeigte sich wiederholt im Kontrollgang. Ihr letztes Erscheinen wird mit dem Tode des Kronprinzen Rudolf und mit der Ermordung der Kaiserin Elisabeth in Verbindung gebracht.*

Auch im tiefen Untergeschoss des Schottenstifts, das im Zuge von Reparaturarbeiten nach dem Brand von 1488 angelegt wurde, soll die Geisterdame spuken und Besucher erschrecken, indem sie ihnen furchteinflößende Blicke aus schwarzen Augen zuwirft.

Einige Spuk-Historiker vermuten, dass es sich bei diesem paranormalen Phänomen der weißen Frau in Wien um die böhmische Adelige Bertha von Rosenberg handelt, die im Jahr 1473 den Tod ihres gewalttätigen Gatten Johann V. von Liechtenstein in weißer Kleidung feierte. Als Strafe für diesen „Frevel" kann die Seele der „lustigen Witwe" angeblich nicht erlöst werden, sie muss als Geist umherwandeln bis in alle Ewigkeit.

Viele der Räume im Untergrund hat man auch für andere Zwecke genutzt, wie etwa in der Sonnenfelsgasse 15, in der sich eine Wachszieherei befand, oder im Gewölbe unter dem ehemaligen Palais Dietrichstein in der Dorotheergasse 10, heute das Musikhaus Doblinger, in dem sich der größte musikalische

Schatz der Stadt verbirgt: eine der bedeutendsten Notensammlungen der Welt.

Ein weiterer mehrere Stockwerke tiefer Keller liegt unter der Apotheke *Zum weißen Storch* mit der Adresse Tuchlauben 9. Dieser wurde vermutlich Mitte des 14. Jahrhunderts errichtet und mit Einzug der ersten Pharmazie im Haus darüber ab Ende des 16. Jahrhunderts als Arzneimitteldepot genutzt. Betritt man diesen Ort, an dem bei jedem Schritt der Staub von über sechs Jahrhunderten durch die kühle Luft wirbelt, meint man, die Zeit hätte den Atem angehalten.

In dem Gewölbe sind Fläschchen verschiedenster Größen, in welchen sich früher Heilmittel und andere Flüssigkeiten zum medizinischen Gebrauch befanden, erhalten geblieben. Es stapeln sich in den Ecken außerdem Verpflegungskisten aus der Zeit, als auch in diesen Räumen ein Luftschutzkeller eingerichtet wurde. Einst existierte von diesem Keller ein Verbindungsgang bis zum Stephansdom, der jedoch, wie viele andere unterirdische Tunnel, später zugeschüttet und vermauert wurde.

Im Keller der Petrusapotheke in der Erdbergstraße 6 im Bezirk Landstraße mit dem Hausnamen *Zu den fünf Glückskugeln* hat man ebenfalls die Reste einer alten „Giftküche" entdeckt.

Unter dem Schloss Neugebäude im Bezirk Simmering gibt es eine riesige Gewölbehalle, die laut Volkserzählung zum Zeitpunkt der Errichtung im 16. Jahrhundert geflutet wurde, damit Kaiser Maximilian II. im Souterrain Boot fahren konnte. Wahrscheinlich ist, dass sich dort der Pferdestall befand.

Im Untergrund des „Kaiserhauses" in der Wallnerstraße 3 existierte ebenfalls ein Standplatz für die edlen Rösser von Kaiser Franz I. Stephan, in dem sich bis heute die steinernen Original-Tiertränken erhalten haben.

Unter dem alten Rathaus in der Wipplingerstraße 6–8 befindet sich eine „Kellerstadt" mit drei Stockwerken, in der sich einst vermutlich Akten stapelten – Kerker oder gar Folterkammern dürften sich dort trotz des hohen Alters des Gebäudes und seiner langen Nutzung nicht befunden haben.

Einige der alten Gewölbe hat man auch erst nach dem Mittelalter angelegt, sie entstanden etwa während der Ersten Türkenbelagerung. Die Räume dienten nämlich nicht nur der Lagerung von Lebensmitteln oder Getränken, sondern auch zum Schutz von Leib und Leben oder Verstecken der Habseligkeiten in Kriegszeiten. Außerdem wurden einige Keller auch zu militärischen Zwecken genutzt, etwa zur Verlagerung von Truppen oder zur Bekämpfung von sich unterirdisch an die Stadt herannahenden Feinden. Die Gewölbe waren teilweise mit Gängen verbunden, damit die Menschen gegebenenfalls aus der Gefahrenzone fliehen konnten. Bis heute liegen einige der Zugänge zu diesen Kammern und Fluchttunneln unter der Erde hinter Scheinwänden oder getarnten Bodenplatten verborgen, häufig unbemerkt sogar von den Gebäudeeignern.

Wie bereits erwähnt, existieren unter der Stadt auch teilweise kilometerlange Stollen, die einige der Räume im Untergeschoss der Stadt verbanden. Viele von ihnen führten allerdings auch vom Zentrum aus der Stadt hinaus, die unter anderem von den Habsburgern und ihrem Gefolge genutzt wurden, wenn feindliche Truppen im Anmarsch waren. Es gibt sogar Hinweise auf Notfallpläne zur Sprengung oder Flutung dieser Gänge, falls die Angreifer diese gefunden und zum Näherrücken verwendet hätten.

Der Ausstieg eines dieser Tunnel, der aus der Zeit der Wiener Türkenbelagerungen stammt, befindet sich hinter der Schank des Studentenkellers im Haus *Zum weißen Stern* (Lenaugasse 3 im Bezirk Josefstadt). Ein Türkenkopf auf der Fassade, der vom Stil her so gar nicht auf ein Barockhaus passen will, zeugt von der einstigen Vergangenheit dieses Orts.

Bei drohender Gefahr zog sich die Wiener Bevölkerung, wenn die Not groß und die erflehte Hilfe dringend war, häufig nicht nur in vermeintlich sichere Kellerräume oder -gänge zurück, sondern ebenso in Kapellen oder andere Sakralbauten. Vermutlich stellte einst auch die Virgilkapelle unter dem Stephansplatz ein solches Versteck dar. Der Kirchenraum in den Tiefen Wiens, zu dem es von der Oberfläche keinen Zugang gab und der daher auf andere Art zu erreichen gewesen sein muss, wurde an einer alten Wasserstelle errichtet und von Archäologen auf das 12. Jahrhundert datiert. Sie sollte einst vermutlich als Grablege einer der beiden irischen Königssöhne Virgilius oder Koloman dienen, wurde dann aber doch einer anderen Verwendung zugeführt, die weniger „heilig" gewesen sein dürfte. Die an den Wänden aufgemalten Templerkreuze lassen zum Beispiel die Spekulation zu, dass die Loge diese geheiligten Hallen unter der Erde als Versammlungsort nutzte oder andere geheime mittelalterliche Gruppierungen dort kultische Rituale vollzogen.

Ein weit verzweigtes Gewölbesystem befindet sich unter einem anderen Ort des Glaubens, auch wenn es sich dabei nur um einen Nachbau handelt: dem Theseus-Tempel im Volksgarten. In den düsteren Katakomben waren bis Mitte des 19. Jahrhunderts Grabsteine ausgestellt, die so manchen Besuchern mit ihrer schaurigen Friedhofsstimmung Gänsehaut und Spukfantasien bescherten.

Weitere Gänge im Kellernetz unter der Stadt befinden sich von den k. u. k. Hoflieferanten für feinste Konditorwaren, Sacher und Demel, zur Hofburg. Durch sie wurden nicht nur Torten, Kuchen und andere Zuckerbäckereien geschleust, sondern es dürfte auch das ein oder andere „süße Mädel" in die Schlafgemächer der männlichen Habsburger gebracht worden sein. Vom Hotel Sacher gab es außerdem einen Tunnel zum ehemaligen Philipphof am Albertinaplatz, ein ehemaliges elegantes Miethaus, in dessen Erdgeschoss sich noble Geschäftslokale befanden.

Im Mezzanin des Gebäudes versammelten sich Großbürger und Adelige im 1867 gegründeten Jockey-Club, dem vornehmsten Herrenclub von Wien, in dessen Räumlichkeiten Millionendeals abgeschlossen wurden. Vom Philipphof führte ein weiterer Gang zur Oper, durch den die Damen kamen, die den Männern im Spielcasino des Jockey-Clubs Gesellschaft leisteten. Später ging es dann unterirdisch weiter ins Hotel Sacher, wo man es sich in einem Séparée gemütlich machte, nachdem im Philipphof ein Vermögen verspielt worden war.

Noch ein Stollen, der amourösen Zwecken diente, führte von der Hofburg zum Spittelberg im Bezirk Neubau. Durch ihn schlichen einst Franz I. Stephan und Giacomo Casanova, die ungesehen von Maria Theresia zum damaligen Rotlichtviertel der Stadt gelangen wollten – wie es Jahrzehnte später auch des Kaisers Sohn Joseph II. hielt. Der Gang endete unter einer einschlägigen Spelunke in der Burggasse 19, genannt *Zum schwarzen Mohren*, in der sich damals auch die Weiß-Schwarz-Feinbäckerei befand.

Ein echter Spionagetunnel ist unter dem Gymnasium Sacré Cœur, Rennweg 31, im Bezirk Landstraße verschwunden. Maria Theresias Staatskanzler Wenzel Anton von Kaunitz-Rietberg hat auf dem Areal einst ein Jagdschloss besessen – aus dem dazugehörigen Park erhalten ist eine 300-jährige Eiche im Garten der Schule. Doch nicht der Fürst selbst wurde abgehört, sondern er hat seine Gäste bespitzelt und die Informationen brühwarm an die Hofburg weitergeleitet, wohin der Gang im Untergrund führt.

Weitere Gänge, die mittlerweile nicht mehr existieren, gab es beispielsweise im Untergrund der Leberstraße und Grasbergasse im Bezirk Landstraße, der Corneliusgasse im Bezirk Mariahilf, der Neustiftgasse im Bezirk Neubau und der Berggasse im Bezirk Alsergrund. Aber auch weiter außerhalb befanden sich viele Stollenbauten, etwa in den Tiefen des Küniglbergs im Bezirk Hietzing, des Gallitzinbergs im Bezirk Ottakring und des Cobenzl sowie unter dem Höpflerbad im Bezirk Atzgersdorf oder dem Hugo-Wolf-Park im Bezirk Döbling.

Ein verzweigtes Labyrinth an Stollen bildet in durchschnittlich 35 Meter Tiefe auch das etwa 2300 Kilometer lange Kanalnetz, das sämtliche Abwässer zur Hauptkläranlage in Simmering befördert. Wien war als erste Stadt Europas bereits im Jahr 1739 innerhalb der Stadtmauern vollständig kanalisiert. Trotzdem brachen immer wieder Seuchen aus, wie etwa 1830 eine Cholera-Epidemie, die rund 2000 Menschen das Leben kostete, da etliche Bürger Abfälle und Fäkalien in den Wienerwaldbächen entsorgten und damit das Grundwasser, das durch Brunnen als Trinkwasser zutage gefördert wurde, verschmutzten.

Später wurden die Bäche vom Wienfluss getrennt, eingewölbt und in Kanäle umgewandelt. Dennoch kam es weiterhin zu Todesfällen durch verunreinigtes Wasser, außerdem zu Überflutungen und Geruchsbelästigungen – besonders nach dem Anschluss der Haushalte an die Erste Wiener Hochquellwasserleitung, die der Bevölkerung zwar sauberes Trinkwasser bescherte, aber auch die Abwassermengen enorm in die Höhe trieb. Das machte weitere Regulierungen und die Errichtung von mehreren Hauptsammelkanälen, von welchen heute neben etlichen Wienfluss-Sammelkanälen insgesamt fünf existieren, notwendig.

Die Fertigstellung des Kanalsystems, auch in den Vorstädten, Ende des 19. Jahrhunderts fiel in eine Zeit, in der die Stadt rasch wuchs, viele Menschen keine Arbeit mehr fanden und auf der Straße landeten. Die Obdachlosen entdeckten schon bald den Untergrund Wiens als Zufluchtsort und richteten sich in dem verzweigten Gangsystem mit seinen kleinen Kammern und Nischen, die auch bei Regen trocken blieben und im Winter extreme Kälte abhielten, ihre „Wohnungen" ein.

1934 gründete sich als Spezialeinheit der Polizei eine „Kanalbrigade", die im Untergrund nach Regimegegnern suchte und diesen dabei auch gleich von Obdachlosen „säuberte". Danach

begannen auch langsam die Sozialmaßnahmen der Stadt zu grei-
fen und immer weniger Menschen mussten auf der Straße, oder
eben darunter, leben.

Das Tunnelsystem unter der Stadt stellte auch schon mehrmals die Kulisse in Szenen bekannter Filme wie *Der dritte Mann*
(1949) unter der Regie von Carol Reed und mit Orson Welles in
einer der Hauptrollen oder *Das Geheimnis der eisernen Maske*
(1979) mit Ursula Andress und Beau Bridges dar.

Der Zugang zur Kanalisation erfolgt immer noch durch „Türme", die wie übergroße Litfaßsäulen aussehen und sich überall in
der Stadt befinden. Über eine Wendeltreppe kann man in ihrem
Inneren in die Wiener Unterwelt hinabsteigen. Dort aufhalten
dürfen sich heute ausschließlich Kanalarbeiter, Ratten und verein-
zelt Teilnehmer an Führungen auf den Spuren von Harry Lime.

Im Zweiten Weltkrieg hat man die Bewohner, unter deren Häusern sich passende Gewölbe alter Lagerräume und historische
unterirdische Befestigungsanlagen befanden, aufgefordert, diese
zur Verfügung zu stellen. Die Räume wurden anschließend mit
Stollen zum „Luftschutzraumnetz Innere Stadt" verbunden, in
dem die Bevölkerung Schutz suchen konnte, sobald der Flieger-
alarm ertönte.

Zuletzt existierte ein zusammenhängendes unterirdisches Labyrinth, in dem die Schutzsuchenden beinahe die ganze Innenstadt durchwandern konnten.

An den Hausfassaden sollten Aufschriften wie Donau, Ring,
Park oder Gürtel eine Orientierung in einem von Rauch, Lärm
und Bränden beherrschten Chaos bieten und weiße Pfeile den
Weg zu den sicheren Räumen in den Tiefen von Wien weisen.

Die Treppen und Wege waren an den Wänden mit breiten,
phosphoreszierenden Leuchtstreifen ausgestattet, um Unfälle in

der Panik zu vermeiden. Zudem fand man Emailschilder vor, auf denen sich wichtige Informationen befanden. Manche davon sind bis heute vorhanden, beispielsweise im Keller des Geschäfts- und Mietshauses mit der Adresse Tuchlauben 14.

Abhängig von der Größe hat man die Anlagen, unterteilt in Kammern und Sanitärbereiche, für eine bestimmte Anzahl von Personen konzipiert. Zahlreiche Zeitzeugen berichteten allerdings, dass die Keller mit drei bis vier Mal so vielen Stadtbewohnern wie vorgesehen belegt waren.

Doch nicht alle Privatpersonen öffneten ihre Keller – der Ausbau in eine Sicherheitszone, die dem Ansturm einer großen Menge panischer Menschen, Detonationen und einem Gasangriff standhielt, war teuer. Dennoch entstanden in jener Zeit zahlreiche Schutzräume unter Privathäusern, wie etwa unter dem Gebäude in der Währinger Straße 48. Einst Lagerhalle für ein dort befindliches Hotel, diente das bis in zwölf Meter Tiefe reichende Gewölbe ab den 1940er-Jahren als Luftschutzkeller.

Einer der vielen alten Schutzräume existiert als düsterer Zeitzeuge in rund zehn Metern Tiefe neben dem Naschmarkt. Weitere Keller, in welchen die Menschen im Zweiten Weltkrieg Zuflucht suchten, liegen unter dem Hotel Wandl am Peterplatz 9, unter Wiens letzter noch vorhandenen Bombenruine im Hof des Hauses Fischerstiege 9, unter dem Yppenplatz, unter der ehemaligen k. u. k. Hauptpostzentrale in der Postgasse 8–10 sowie unter etlichen Häusern rund um den Stephansplatz.

In der Trinitariergruft unter der Minoritenkirche, in der die Menschen ebenfalls Zuflucht suchten, befindet sich nahe einem an die Wand gezeichneten Sensenmann folgender Spruch mit dem Datum 1. Februar 1945: *Als die Flieger brausten oben, lernten wir dies Gewölbe loben! Bei Flakgebrüll und Bombennot, bargen wir uns hier vorm Tod.*

Es gibt außerdem unterirdische Anlagen am Morzinplatz und im Burggarten, die man aus Sicherheitsgründen, wie so viele ande-

Unterirdische Halle in der Währinger Straße

re alte Gemäuer in der Wiener Unterwelt, zugeschüttet und dabei auch deren gesamtes „Inventar" unter Erdmassen begraben hat.

Unter dem Grundstück Hofzeile 18–20 im Bezirk Döbling befindet sich noch heute ein Reserve-Lazarett aus dem Zweiten Weltkrieg. In dem zeithistorisch interessanten Keller finden sich langsam zerfallende Stockbetten, verrostete Lüftungsklappen und eine immer noch intakte Luftschutztür von der Kölner Firma Mauser. Die unterirdische Anlage entstand im Zuge der Adaptierung des darüber liegenden Gebäudes, das ab dem Beginn des 20. Jahrhunderts als Heilanstalt für Nervenkranke diente. Heute ist in dem sogenannten Maria-Theresia-Schlössl, das sich Mitte des 18. Jahrhunderts im Besitz des Feldmarschalls Leopold Graf Daun befand, eine Schule untergebracht. Der frühere adelige Bewohner war mit der Tochter von Josefa Gräfin Fuchs vermählt, einer Jugendgespielin von Maria Theresia, wodurch es zu der späteren Namensgebung des Bauwerks kam.

Im hinteren Teil des Militärspitals unter der Erde liegt ein großer Gewölbekeller, der dem Eigentümer des Rokokoschlösschens früher als Lagerraum für Weinfässer diente. Es sind in der Halle noch gemauerte Boxen und die Fahrrillen für den Transport der riesigen Behältnisse zu sehen.

Aber auch unter dem Getreidespeicher im Alberner Hafen ist Mitte des 20. Jahrhunderts die Zeit stehen geblieben. Es handelt sich bei der unterirdischen Anlage, die mit dicker Staubschicht ummantelt unbemerkt von der Außenwelt im Erdreich dahinschlummert, um einen Luftschutzbunker, in dem sich einst die Hafenmitarbeiter in Sicherheit brachten. Heute stehen die Räume leer bzw. werden teilweise als Lager genutzt.

Ebenso existiert beim Hotel Imperial unter der Dumbastraße ein verborgener Ort, der 1941 zum Zwecke der Sicherheit angelegt wurde – er sollte dem Schutz des Mannes dienen, der die Verantwortung für den Zweiten Weltkrieg trug: Adolf Hitler. Der „Führerbunker" liegt in sechseinhalb Metern Tiefe und war für die Besuche des Diktators geplant, kam dann allerdings nie zum Einsatz. Bis heute erinnern Luftschutzblenden im Sockel des Hotels an das Vorhandensein dieses Raums, der irgendwann in der Unterwelt der Stadt verschwand.

Und dann gibt es noch die militärische Großanlage zwischen Arsenal und Baumgasse, wo sich zwei Waffenfabriken der Firma Siemens (& Halske) mit den Decknamen „Maria" und „Alice" befanden. Die Zugänge zu dieser Anlage unter der Erde, vor dem Zweiten Weltkrieg ein Bierlager der Brauerei St. Marx, sind größtenteils verschlossen und verschüttet, der Zutritt verboten.

Im Jahre 1957 wurde im Auftrag der Stadt Wien ein detailreicher Plan dieser ca. 35.000 Quadratmeter großen Halle angefertigt, in der im Dezember 1977 ein Großbrand ausbrach – laut Behörden Brandstiftung. Das Feuer konnte von den 250 dort mit schwerem Gerät im Einsatz befindlichen Feuerwehrmännern nur mit großer Mühe unter Kontrolle gebracht werden.

Im Umfeld dieser Bunkeranlage wurden während des Zweiten Weltkriegs im Bereich der Landstraßer Hauptstraße zivile Luftschutzstollen errichtet.

In der ganzen Stadt existieren bis heute Notausstiege aus den Anlagen, die mit den Worten Luftschutz Mannesmann gekennzeichnet sind (z.B. in der Esterházygasse). Durch enge, über Eisensprossen führende Schächte konnten die Personen aus verschütteten Räumen ins Freie klettern.

Viele der in diese mystische Welt unter der Stadt führenden Zugänge sind – ebenso wie etliche Kellerräume und Tunnel – mittlerweile vermauert worden, um unbefugtes Eindringen zu verhindern und Abenteurer vor etwaigen Gefahren wie einem Deckeneinsturz zu schützen. Zudem verlaufen unzählige Kabel und Rohre entlang der Tunnel für die lückenlose Versorgung der Bevölkerung mit Gas, Wasser, Strom und vieles mehr, die man vor Vandalismus oder unbeabsichtigter Beschädigung bewahren möchte.

Das Erdreich unter Wien ist zusätzlich aber auch noch von zahlreichen „modernen" Stollen durchbohrt, beispielsweise von dem Tunnelsystem der U-Bahnen samt Fluchtwegen und Entlüftungsschächten. Diese Transportwege sind allerdings teilweise geheimnisvoller, als so mancher Fahrgast ahnt – es existieren nämlich zahlreiche Verbindungsgänge zwischen den verschiedenen Strecken, die nicht für den öffentlichen Verkehr genutzt werden.

So verläuft etwa ein unbekanntes Gleis zwischen der U1-Station Stephansplatz und der U4-Station Rossauer Lände, eines führt von der U3 in Erdberg unter dem Donaukanal zur U2 zwischen Donaumarina und Stadion und ein weiteres zweigt beim Stadtpark von der U3 ab und verläuft unter dem Ring bis hin zur U4-Station Schwedenplatz. Allerdings gibt es auch einige unterirdischen Stollen ÜBER den U-Bahn-Tunneln, etwa unterhalb der Mariahilfer Straße vom Westbahnhof (unter dem auch zwei riesige Hallen liegen) bis zum Museumsquartier. Es gibt zudem angeblich einen verborgenen Gang zur U3-Station Herrengasse, von wo sich Politiker mit einem Zug zur Stiftskaserne bringen lassen können.

Wer meint, die Wiener Unterwelt sei bereits zur Gänze erforscht, der irrt. Regelmäßig kommen bei Straßen- und Bauarbeiten, Renovierungen oder Wegeinbrüchen (wenn beispielsweise ein Sturm Bäume entwurzelt und der Asphalt aufgerissen wird) noch unentdeckte Abschnitte eines Tunnelsystems oder Räume im Erdreich zum Vorschein.

So hat man etwa vor einigen Jahren im Zuge der Errichtung eines Studiengebäudes unter anderem unter der Albertina-Rampe einen Turm mit zwei Meter dicken Mauern aus dem 13. Jahrhundert gefunden. Es handelt sich um einen Teil der Stadtmauer aus der Babenbergerzeit, welche die Herzöge Leopold V. und

Leopold VI. errichten ließen und die insgesamt 19 Türme bein-
haltete, und damit möglicherweise um das älteste eigenständig
erhaltene Bauwerk Wiens. Das Innere des Turms war zu einem
großen Teil mit Schutt gefüllt, darin fanden sich Alltagsgegen-
stände aus Metall, Holz und Leder sowie am Grund ein etwa 1,5
Meter hoher Fäkalienkegel. Die Exkremente, die aufgrund einer
Deckschicht nicht ausgetrocknet, sondern in einer feuchten,
klebrigen Masse erhalten geblieben waren, stammten von den
Mönchen des benachbarten Augustiner Klosters. Die hatten laut
Dokumenten im Jahr 1354 darum gebeten, den Turm als Abort
nutzen zu dürfen.

Da sich die Mauerreste allerdings in einer Hochsicherheits-
zone neben dem Depot der Albertina befinden, in dem zahlreiche unschätzbar wertvolle Kunstwerke lagern, können diese nicht
freigelegt und besichtigt werden – sie sind der Öffentlichkeit
daher weitestgehend unbekannt.

Eine weitere Spur zu den Babenbergern führt zum Palais Coll-
alto Am Hof Nr. 13 bzw. Parisergasse 1, in dem der sechsjährige
Wolfgang Amadeus Mozart sein erstes Konzert gab, unter dem
sich Teile der Residenz von Herzog Heinrich II. Jasomirgott befinden. Der Palast wurde Mitte des 12. Jahrhunderts errichtet, kurz
bevor der Herrscher zum Zweiten Kreuzzug aufbrach. Im Keller
des Palais wurden außerdem Reste von zwei Häusern aus dem 15.
Jahrhundert entdeckt. Auf der Rückseite des Gebäudes sind noch
frühgotische Sitznischen aus der Zeit der Kreuzzüge vorhanden.

Ebenfalls erst in jüngerer Vergangenheit aufgetaucht ist ein
Raum unter der Kirche Am Hof, der sich als die im 17. Jahrhundert dort angelegte und mit einer schweren Grabplatte verschlossene Gruft der Familie Montecuccoli herausstellte. Darin befinden sich mehrere Kupfersärge der verstorbenen Mitglieder des
Adelsgeschlechts.

Im Sommer 2009 wurde, nachdem eine sechs Meter hohe
Pappel auf der Ringstraße unvermutet absank, ein darunter be-

findlicher Hohlraum zutage gefördert, Ende 2010 bei Bauarbeiten in der Linken Bahngasse 9 im Bezirk Landstraße das im Jahr 1888 errichtete Beatrixbad.

Immer wieder tauchen auch Stollen der Albertinischen Wasserleitung auf, in welchen ab 1805 vor Eröffnung der Ersten Hochquellleitung im Jahr 1873 das Wasser in Röhren von Hütteldorf über die Mariahilfer Straße bis in die Josefstadt geleitet wurde. Ab 1890 ist die Anlage, benannt nach Herzog Albert Kasimir von Sachsen-Teschen, in Vergessenheit geraten, lediglich das Brunnenhaus in der Hüttelbergstraße 30 im Bezirk Penzing ist oberirdisch erhalten und zeugt von der ersten verlässlichen Versorgung der Wiener mit frischem Wasser.

Bei Verlegungsarbeiten von Postkabeln haben Bauarbeiter im Jahr 1990 im Bereich Wolfrathplatz im Bezirk Hietzing ein zweistöckiges unterirdisches Labyrinth aus Gewölben gefunden. Sie stammen aus der Zeit um 1400 und wurden vermutlich von Dompropst Wilhem Tuers für die Lagerung von Vorräten für die St. Veiter Kirche angelegt.

Im Jahr 2007 kam bei Renovierungsarbeiten unter dem ehemaligen Adelspalais in der Bräunerstraße 5 ein zweigeschossiger Renaissancepalast mit prächtigen Pfeilerhallen zum Vorschein. Ein Jahr später ist man auf ein Kellertheater mit riesigem Ballsaal gestoßen, der sich unter dem heutigen Verkaufslokal in der Annagasse 3 befindet. Es wird vermutet, dass in dem damals glamourösen Ambiente Hans Moser sein Debüt gab.

Und so werden sich noch viele weitere Relikte aus Stein und Mörtel unter dem heutigen Wien finden, wie Teile eines historischen Puzzles, das vielleicht irgendwann zur Gänze zusammengesetzt werden kann und ein vollständiges Bild der früheren Stadt ergibt.

Regelmäßig erkunden Forscherteams die Stadt unter der Stadt und spüren dabei der alten Zeit nach – dies ist jedoch nur mit ausdrücklicher Genehmigung der jeweiligen Eigentümer bzw. Zuständigen an abgesicherten Orten oder im Rahmen von Führungen erlaubt.

Immer wieder kommt es bei den Begehungen der Wiener Unterwelt auch zu Funden, die teils historisch relevant, teils schaurig oder skurril sind. Manche Gegenstände versetzten die Finder auch ganz weit in die Vergangenheit zurück und lassen sie die Gegenwart für diese Momente des Zeitsprungs komplett vergessen.

Eine der bizarrsten Entdeckungen wurde tief unter dem Basiliskenhaus (Schönlaterngasse 7) gemacht, wo man in einem der Räume einen Spiegel gefunden hat. Der stammt zwar vermutlich nicht von dem legendären Untier, das dort einst im Brunnen saß und bei seinem Anblick auf der reflektierenden Oberfläche zu Stein erstarrte, doch das Aufstöbern dieses Gegenstands dürfte an diesem Ort dennoch überraschend gewesen sein.

Man darf gespannt sein, wie viele und welche Relikte aus längst vergangenen Zeiten unter der Stadt, in Höhlen, im Boden oder in Mauerresten, noch auf ihre Entdeckung warten.

Quellen & Literaturverzeichnis

Stand aller Internetseiten: 30. Mai 2024

Allgemeine Quellen:

www.aeiou.at | österreichisches Wissensnetz
anno.onb.ac.at | AustriaN Newspaper Online
austria-forum.org | das Wissensnetz aus Österreich
books.google.at | Digitale Bücher
www.cityabc.at | Online-Enzyklopädie für Wien
www.sagen.at | Virtuelle Sagensammlung
www.wikipedia.at | freie Online-Enzyklopädie

Weiterführende Quellen & Literaturhinweise:

Ackerl, Isabella und Jahn, Harald A.: Unbekanntes Wien, Styria Verlag, Wien 2017

Adanos, Felix und Scheugl, Hans: Show Freaks & Monster, Verlag DuMont, Schauberg 1974

Ballhausen, Thomas und Krenn, Günter: Auf Blaubarts Spuren. Der Fall des Serienmörders Landru als frühes Beispiel medialisierten Expertentums und öffentlichkeitswirksamer Aufklärung, medienimpulse, Jg. 50, Nr. 4, 2012

Bouchal, Robert und Lukacs, Gabriele: Geheimnisvoller Da Vinci Code in Wien, Pichler Verlag, Wien 2009

Bouchal, Robert und Lukacs, Gabriele: Unheimliches Wien, Pichler Verlag, Wien 2010

Bouchal, Robert und Lukacs, Gabriele: Geheimnisvolle Unterwelt von Wien, Pichler Verlag, Wien 2011

Bouchal, Robert und Sachslehner, Johannes: Mystisches Wien, Pichler Verlag, Wien 2004

Dietz, Pierre: Jesus Crispus und andere Fälschungen, BoD, 2023

Hasmann, Gabriele: Der Stephansdom, Pichler Verlag Wien 2011

Hasmann, Gabriele: Spuk in Salzburg, Ueberreuter Verlag, Wien 2014

Hasmann, Gabriele und Hepp, Ursula: Hexen, Heiler und Dämonen, Ueberreuter Verlag, Wien 2010

Hasmann, Gabriele und Kunze, Gerhard: Magisches Wien, Amalthea Verlag, Wien 2014

Havas, Harald: Unglaubliches Wien, Metroverlag, Wien 2014

Klein, Sabine: Wien und der Tod, Metroverlag, Wien 2007

Lindinger, Michaela: Verborgenes Wien, Jonglez Verlag, Berlin 2017

Lukacs, Gabriele: Wien. Geheimnisse einer Stadt, Pichler Verlag, Wien 2014

Lukacs, Gabriele: Geheimnisvolles Wien, Styria Verlag, Wien 2022

Meijl, Pater Dr. Peter van SDS: In: „Zur Theologie und Katechese der Michaelergruft", Wien 2010

Mulacz, Peter: Der „Wiener Kreis" und die Parapsychologie, Mensch-Wissenschaft-Magie, Mitteilungen der Österreichischen Gesellschaft für Wissenschaftsgeschichte. Band 33, 2017

Soukup, Rudolf Werner: Chemie in Österreich, Böhlau Verlag, Wien 2007

Wolflingseder, Barbara: Dunkle Geschichten aus dem Alten Österreich, Pichler Verlag, Wien 2013

Online Quellen

www.archaeo-now.com/2019/01/31/schauriges-wien-der-fluch-der-habsburger/

austria-forum.org/af/Wissenssammlungen/Essays/Kultur/Salamucci_Praterikone

austria-forum.org/af/Wissenssammlungen/Essays/Vermischtes/Funde_in_Wiens_ Untergrund

www.businessinsider.de/wissenschaft/raetsel-um-teufelszahl-666-endlich-geloest-wiener-forscher-enthuellen-angeblich-die-identitaet-des-antichristen-2016-4/

www.chemie.de/lexikon/Alchemie.html

cityabc.at/index.php/Hausschilder

www.derstandard.at/story/1328162459368/lass-es-fliessen-wie-ein-kamel-oester-reicher-uebersetzt-zauberspruch-gegen-blasenbeschwerden

www.diepresse.com/704744/segenspater-der-exorzist-wider-willen

www.forscherteam-wiener-unterwelten.at/wiener-unterwelt/

www.gutenberg.org/files/30886/30886-h/30886-h.htm

www.habsburger.net/de/kapitel/das-goldene-vlies

www.kraftort.org/Osterreich/Wien/wien.html

www.lukas-arnold-photography.eu/guide-durch-die-ausstellung-geheimnisvolle-wiener-unterwelt/

magazin.wienmuseum.at/totenmasken-im-wien-museum

magazin.wienmuseum.at/weinkeller-in-wien

magazin.wienmuseum.at/wiener-hauszeichen

magazin.wienmuseum.at/zur-geschichte-der-apotheken

www.meinbezirk.at/wien/c-lokales/ist-der-tod-tatsaechlich-ein-wiener_a1901815

www.meinekirchenzeitung.at/wien-noe-ost-der-sonntag/c-serien/die-rotkreuz-kapelle-der-kaiserin_a7337

www.onb.ac.at/mehr/blogs/detail/untot-seit-dem-18-jahrhundert-der-erste-vampirhype

www.openthedoor.at/de/blog-urbane-legenden-wien-oesterreich/

www.philognosie.net/spiritualitaet/templer-orden-das-geheimnis-der-templer?utm_content=cmp-true

sites.google.com/site/sobottamagdeburg/startseite/themen/wallfahrtskirchen-in-wien

www.stern.de/gesundheit/heroin--kokain-und-co---als-drogen-zum-alltag-gehoerten-8599742.html

www.theosophytrust.org/1125-saint-germain

tu-dresden.de/gsw/fovog/textedaten/templerlexikon/

www.vienna.at/gerard-van-swieten-kaiserlicher-vampirjaeger/6111750/amp

vs-julius-meinl-gasse.at/wordpress/schule/geschichte/

wien.denkmal-3d.at/

www.wiener-schatzkammer.at/goldenes-vlies.html

wissenshappen.blog/der-verrueckte-arzneischrank-der-fruehmodernen-medizin/